成为你的美好生活

I知人cons

胶囊式传记　记取一个天才的灵魂

成为你的美好生活

I知人
cons

胶囊式传记　记取一个天才的灵魂

塞林格
艺术家逃跑了
J.D.SALINGER ｜ THE ESCAPE ARTIST

[美]托马斯·贝勒 ｜著　　杨赫怡 ｜译

上海文艺出版社
Shanghai Literature & Art Publishing House

献给伊丽莎白

目录

1 1923：出走　　　　　　　　　　001

2 礼物　　　　　　　　　　　　　003

3 遗失　　　　　　　　　　　　　013

4 1930年代：火腿和奶酪　　　　　017

5 麦伦·阿姆斯公寓　　　　　　　023

6 科曼切族　　　　　　　　　　　027

7 1932：麦克伯尼和中央公园　　　033

8 塞林格三联画　　　　　　　　　037

9 1934—1936：塞林格巅峰　　　　041

10 普林斯顿的反常　　　　　　　　047

11 塞林格的地下出版物　　　　　　053

12 1937：维也纳　　　　　　　　　057

13 我认识的一个女孩　　　　　　　061

14 培根王　　　　　　　　　　　　065

15 八年级"文学加农炮"　　　　　067

16 马纳斯宽的缪斯　　　　　　　　071

17 1938："年轻人重返大学"　　　　075

18	《纽约客》	083
19	罗杰·安吉尔	091
20	专业人士	099
21	505号房间	103
22	秋千架上的大胆青年	113
23	公园大道1133号	117
24	1941：《没有一点腰身的年轻姑娘在1941年》	125
25	信里的女人	133
26	粉丝	141
27	楼上的女士	145
28	乔伊斯·梅纳德	153
29	1945年：战争结束	159
30	1945年：纳粹新娘	165
31	1961年：土拨鼠之年	173
32	1972年："跳起比根舞"	187
33	算错了	191
34	古斯塔夫·洛布拉诺和威廉·肖恩	195
35	1960—80年代：写给斯瓦米的信	209
36	《麦田里的守望者》：重读与诞生	215

1　1923：出走

1923年，J·D·塞林格四岁。每次母亲出门购物，他都会被留给十岁的姐姐多丽丝照看。桑尼，家里人都这么叫他，跟姐姐特别亲，两人共度了大量时光。她常带他去看电影，她是这样形容那时的观影经历："你知道，那时候的电影都是默片，我得把字幕大声读给他听，小家伙一个字都不让你漏掉，吵得我们前后几排都跑空了！"

这一幕让人瞬间恍然，如闻其声，愠怒的话音里透出其人的世故和精力充沛。塞林格的小说里没有一个人物像这个成年后的多丽丝·塞林格，她是一位成功的职业女性，离过两次婚，是布鲁明戴尔百货公司[1]的采购员，终日游走于一群富姐中间，出没于纽约时尚地界。

有一次出了状况。母亲外出采购，留守的姐弟俩起了冲突。"我忘了是为什么，"差不多六十年后多丽丝提起了

---

[1] 布鲁明戴尔百货公司（Bloomingdale's）：美国著名的百货公司品牌，旗舰店位于纽约曼哈顿。（编者注）

此事。被遗忘的是冲突的起因，而非结果。桑尼打好行李，穿上一套印第安人行头，离开了。不过，他并没有走出大楼。几个小时后，母亲走进公寓大堂，发现儿子整装待发，从头到脚一副印第安人打扮，外加一副长羽毛头饰，身边靠着个行李箱，"妈妈，我要走了，"他说。"我在等着跟你道别。"

他们上楼打开了行李箱，箱子里装满了玩具士兵。

2 礼物

决定写这本传记后不久,我登门拜访了一个人,他住在纽约西七十七街,美国自然历史博物馆对面,他手里有不少干货。

小时候每年都会来这片街区,因为有个小伙伴生活在这里。感恩节前夜,他家都会开派对,我们总是一起看人扎游行花车。后来得知菲利普·罗斯[1]在这个街区也有套公寓,我又把这里跟他联系了起来。你时不时会在左近看到罗斯,有次在奥斯诺商用机器公司排队时,我甚至就站在他身旁。那是一家位于阿姆斯特丹大道上的打字机商店,即使身处家用电脑横行的今天仍屹立不倒。我当时很诧异罗斯竟然还在用打字机,并且在这铺着破旧油毡地毯的地方排队,真不简单。可眼下,这条街正以全新的姿态引发我的联想:美国自然历史博物馆是塞林格在《麦田里的守

---

[1] 菲利普·罗斯(Philip Roth):美国战后最重要、个人特色最鲜明的犹太裔作家,著有《再见,哥伦布》《美国牧歌》《人性的污点》《垂死的肉身》等。(编者注)

望者》中提到过的场景之一,书中霍尔顿回忆说学校曾组织去那里参观,曾面对着古印第安女子模型的裸胸悸动不已。

主人热情接待了我,把我引进客厅,从那里可以望见自然历史博物馆的屋顶和一大片天空,客厅里放着矮沙发或是躺椅——我弄不清它的确切名称——以及带着厚厚软垫的舒适家具,阳光明媚。

他得先处理点事情才能坐下来陪我,这给了我在这个陌生房间里独处的机会和四处探询的特权,当然不包括偷东西或乱碰乱摸。我站起身来四处蹓跶,主要是盯着那些书看。书架上摆放着许多有意思的书,其中包括德尔莫尔·施瓦茨[1]和索尔·贝娄[2]的传记。

施瓦茨和贝娄,都是精通文学的犹太人,都来自别处——布鲁克林和芝加哥,都曾栖身于曼哈顿上西区,说不准就是自然历史博物馆以北的什么地方。施瓦茨在华盛顿高地长大,贝娄则将其代表作《塞姆勒先生的行星》的背景设在上西区。我脑子里似乎闪过贝娄《洪堡的礼物》中的某句话(这会儿肯定无从查证了)——记忆中的主人

---

[1] 德尔莫尔·施瓦茨(Delmore Schwartz):美国诗人、作家,父母为罗马尼亚移民。索尔·贝娄小说《洪堡的礼物》中洪堡的原形,摇滚教父 Lou Reed 的启蒙导师。"地下丝绒"乐队用首张大碟《The Velvet Underground & Nico》中的一首"European Son"来悼念他在 1966 年的离世。(编者注)
[2] 索尔·贝娄(Saul Bellow):美国作家,被称为"美国当代文学发言人",父母为俄国犹太移民。著有《晃来晃去的人》、《奥吉·马奇历险记》、《洪堡的礼物》、《更多的人死于心碎》等。(编者注)

公是个常人看来完全无法生活自理却可以跟院长探讨但丁作品中鸟的意象的教授,一个不会系鞋带的天才。他多多少少就是玛格丽特·塞林格在回忆录《梦幻守望者》[1]中所描绘的父亲 J·D·塞林格的样子。

主人回来了,我们坐下来好好聊了聊。谈话间他递给我一本伊恩·汉密尔顿的《J·D·塞林格:写作的人生》的清样,不知什么原因,他的样子像是在授予一份受戒礼礼物。

"我想你会觉得这个有用的,"他说。"它很珍贵。"我接过书,捧在手里。

很早就听说过伊恩·汉密尔顿的这本传记和它的离奇命运,只不过事件发酵时我对这个世界还一无所知,时间流逝让我意识到了整件事的传奇性。所有关心出版的人,所有关心或参与过传记编写和传记研究的人,都知道这件事。案子曾一路上诉到最高法院,用大卫·福斯特·华莱士的传记作者 D·T·麦克斯的话来说,它"就像飘在每个传记作者头顶的一朵乌云"。

汉密尔顿是英国人,手稿字迹非常精细。在启动塞林格这个项目前,他写过一本诗人罗伯特·洛威尔的传记,其中提到洛威尔怎样削尖脑袋挤入乌烟瘴气的波士顿上流社会,又怎样被打回原形,因焦虑过度而当众崩溃。故事

---

[1] 塞林格女儿玛格丽特·塞林格写的回忆录《梦幻守望者》,本书中有多次提及。(编者注)

充斥着"五月花号"、金钱、哈佛、白人新教徒的正直品行,当然也不乏对硬币另一面的描述。

塞林格,半犹太血统移民的后代(他自己很晚才知道),出身背景与洛威尔迥异,相似之处是:两人都是战后美国文学的代表人物。洛威尔曾是彻底的局内人,又大半生处于癫狂或失智的边缘;塞林格则是彻底的局外人,并将理智及如何定义理智,作为其后期小说创作的母题。他九十一年的人生中有一半以上的时间隐身世外,生活暧昧不明,几乎是个谜,一个令美国乃至全世界瞩目却不得其解的谜,也由此引出一个问题:他的与世隔绝、对公众的反感、隐身到拒绝发表作品的地步,这些是否表明塞林格也发疯了呢?抑或他对于这种生活方式的选择,是否也意味着对他人的评判?在作品中,他几乎从没有改变对生活的看法,但前提是先写出好故事。塞林格的叙事追求真实性,霍尔顿·考尔菲德可能最出名的地方是他称所有人是骗子,霍尔顿的故事也是他作品中第一个也是最重要的一个。写作目的存在于形式之中,这些形式不是伪装的政治、宗教或哲学宣传。它们是试金石,读者可以通过它们来衡量自己的生活和价值观。

洛威尔和塞林格的作品中都融入了自身经历,这不可避免地给传记作者出了难题。的确,每本传记都存在类似的难题,但在某些作家身上表现得尤为突出,作品中充满其自身经历的线索,传记作家如同在复活节搜索彩蛋,在逾越节家宴上寻找被暗藏的逾越节薄饼，或其他类似的季节游戏，线索总是散乱难觅。

汉密尔顿所著罗伯特·洛威尔传记是经过授权的，这授权为一本充斥着事实、声音和信件引用的书打开了大门。读上几章就能看出这本书集断章取义和狭隘理解为一体。而塞林格这个项目则需要完全不同的直觉和反应力，找到一种形式，一种文学性的辨识，试着将小碎片拼成一幅马赛克。我们要探寻的本体不仅是温热的，更是鲜活而生动的。

以兰登书屋的一纸合约为戎，汉密尔顿开始给纽约黄页上每一个姓塞林格的人写信，说明他手头的项目并询问他们和作家的关系。他给塞林格本人也寄去一封，说自己接下了他的一本传记。汉密尔顿言辞谦恭，尽管本意可能不是。他无意征求塞林格的允许或寻求他的合作，那封信只是出于礼节。他解释说他的书将仅专注于塞林格作为活跃的作家，也就是他还是个公众人物的时期，并截止于塞林格最后一本书出版的1965年。

汉密尔顿的信带着一丝骑士风度，就像一位绅士在两人出发前祝另一位好运，然后各退开十步，转身相互射击。他知道自己正在被卷入什么——或者说他以为自己知道。塞林格传记的境况与洛威尔截然不同。

战争始于一声枪响，传记始于一封回信。

塞林格的回答巧妙、直接、愤怒又迷人，表达了对这个闯入者的轻蔑，但不是赤裸裸的鄙视。信中甚至流露出某种悔恨，让人觉得他在意的不单是人们对八卦消息和廉价文学的贪得无厌，还悔恨自己在信中力求措辞优雅的强迫症。信的结尾处，他充满了自怜，哀叹（汉密尔顿的）来信对他造成的私人领土——无论是物质上还是精神上的——的侵犯，堪难承受。塞林格在新罕布什尔长期忍受着与土拨鼠的斗争，他建起了篱笆，用尽手段消灭它们，但人们仍会感觉到，他对土拨鼠的感情甚至多于汉密尔顿。

塞林格的信虽然有点夸张，却也明确又有条不紊地表达了他的愤怒和轻蔑。他做了个手势，劝汉密尔顿走开，虽然徒劳，但有必要。在他的一生中，写信不只是给他的生活开了一扇窗，也同时让他得以做他真正在行的事——做自己。

汉密尔顿还是继续写他的传记。《J·D·塞林格：写作的人生》中，到处可见对塞林格与伊丽莎白·默里和惠特·伯内特私人往来信件的引用，这两人是塞林格一生中的重要人物，塞林格与他们通信长达数十年。这些信像是一本日记，一根连续的线。塞林格得知这本书的引用内容后，立刻提起诉讼，阻止它出版。他的观点是，无论谁拥有这些信，里面的文字仍属于他。塞林格和兰登书屋的官司打了两轮，出版商赢了第一轮，第二轮塞林格胜出。案子上诉到最高法院，但被拒绝受理。

汉密尔顿不得不坐回书桌前重起炉灶，删去所有的信件引用。名为《寻找J·D·塞林格》的新书最终得以出版，这部残次品很大程度缺失了塞林格本人的声音。但这并不妨碍汉密尔顿在新书中动用一点想象力，他在书中一人分饰二角：一个因违背传主意愿而饱受"道德困扰""疲于应对"的写书人；另一个则是"写书人的隐性人格"——尽管他可能对此从不担心丢失。汉密尔顿狡黠的批判力，在一些关键信息的提取上得以生动施展，并附带有一丝被动的苦笑。《寻找J·D·塞林格》的大部分内容读来就像《J·D·塞林格：写作的人生》的悼词，而后者现在就在我手中。

当时的报纸和杂志广泛报道了这次审判。汉密尔顿传记中明显缺失的那部分，引发了一场公众对塞林格的提问。法庭上塞林格和辩护律师罗伯特·卡拉基的对话，像是一篇《巴黎评论》采访：

> 卡拉基：过去二十年你写过长篇小说吗？
>
> 塞林格："长篇"是指什么？你意思是准备出版的那种吗？
>
> 卡拉基：相对于短篇小说或是杂志专栏来讲[1]。

---

[1] 我收回刚刚的话：任何一个《巴黎评论》的记者都不会迟钝到对该世纪后半叶最负盛名的短篇小说作家之一，一个说过"我是个短跑健将，不是长跑者"的人，问出这样的问题："这是一本完整的小说，还是个短篇，或者只是投稿给杂志的虚构故事？"另一方面，卡拉基也问出了任何一位读过《弗兰妮与祖伊》《西摩：小传》或是《1924 年哈普沃兹 16 号》的读者都会对着书页大声质疑的问题："这到底算什么？"

塞林格：我不会那样写作。我只是动笔，然后看它会发生什么。

所有人都想知道塞林格在干些什么。自他发表最后一部作品，隐居新罕布什尔州后，已经有二十多年了。他干了些什么？在证人席发过誓言后，他回应说，就是写作。

无论过去或现在，任何对塞林格的作品感兴趣的人，都不可避免地会被这一窘境讽刺到。或许没有一个作家会比他投入更多的精力来创作书信，这些真切有形的纸质品，对他笔下的小说和情节是如此重要，以致几乎每个故事都有主人公从口袋里掏出一封信的情节：在火车月台上等候弗兰妮的赖恩·康特尔；坐在浴缸里的祖伊·格拉斯小心翼翼地拿起一封四年前的信，一边抽烟一边和母亲聊天[1]。作为交流，作为隐喻，作为护身符，作为文学健美操，书信对塞林格的生活和想象至关重要。而现在，这些信件或者说它们的收件人，显然都背叛了他。

汉密尔顿和兰登书屋接到塞林格禁止书中出现任何信件内容的指控后，对全书做了修订，大幅删减了这类摘录，

---

[1] 信件和包裹在塞林格的作品中出现得如此频繁，以至于在行文中加入书信体几乎成了他叙事的嗜好。《一个男孩在法国》，一部未被收录进合集的塞林格早期精品，罕见地描写了一个战争中的角色。当主人公男孩终于在散兵坑里安顿下来时，他从口袋里掏出了两封信，随后便立刻进入了那种与世隔绝的信件阅读者的心境。塞林格的角色们都喜欢逃进信件中，就好像它们是时光缺口，让人从紧张的现实中逃离片刻。无论那现实是公园大道公寓中的浴缸，还是法国战场上的散兵坑。这些信件不会阅后即焚，而是被重新折起塞回口袋里。

并印制了新样书,以致法庭呈堂时分别被称为"五月样书"和"十月样书"。

塞林格打赢了官司。没人能再读到这本《J·D·塞林格:写作的人生》,无论是五月版还是十月版。或者说极少有人读到,因为有几本五月样书之前已经寄出了,其中的一本现就在我手里。

亚光纸封面,用的是柔和的柠檬汁颜色,上面贴了一张说明性的白纸——标题、作者、出版社和出版日期:1986年8月29日。页眉用很大的字母写着"进一步校对(ADVANCE PROOFS)","advance"的"n"和"c"周围有一圈咖啡渍,我觉得它有另一种美,像是设计的一部分。整本书的外观保护得相当不错,不过难免脆弱和破旧。我手里拿着书起身告辞,房子的主人祝我好运,连同他的宝贝一起,送我出了门。

"别弄丢了。"他半开玩笑地说,兴许不只是玩笑。

3　遗失

我若有所思地出门，走进第七十七大街的黄昏，然后骑车穿过十个街区回到家，把书放进一个特别的地方。"家"这个词其实不太准确，应该说我骑车去了我母亲的公寓，我在那里长大。如今每次到纽约，我和家人都会在这里盘桓几日。

夏天了。这里的夏天让人觉得漫长，日子没过半我就着急着回到新奥尔良，那里有我任教的杜兰大学。但是经过那个收获的夏夜之后，我觉得是时候品味一下这座城市，琢磨一下塞林格，是时候阅读书中那些写于二十世纪三四十年代曾经被剽窃的他的文字，和那些他只希望被收件人看到的部分——而今它们都成了我的囊中之物。这本书的作者是伊恩·汉密尔顿，可我期待的愉悦则是阅读 J·D·塞林格本人。[1]

---

[1] 现在你也可以和我一样读到这些信件的全部内容：去普林斯顿大学图书馆，或者写信给奥斯丁的得克萨斯大学提出申请。但我更热衷于将汉密尔顿的书视作载体：如果一本塞林格传记，即便著于传主身后，也会让人怀疑是部剽窃之作，那么我们唯一可以减轻负罪感的方式就是拥抱它。

一周过去了。又一周。再一周。汉密尔顿的"宝藏"从它的领地向我眨眼，我未加理睬，只为知道它在那儿而宽慰。我和家人搬回了新奥尔良，这本柠檬汁颜色的书却在我拆行李时不见了踪影。搜寻随即开始，我断定它被落在母亲的公寓，便再次回到纽约，可它不在那个特别的地方。我依稀记起曾把它从那里挪到了一个更特别的位置，可怎么都找不到了。我弄丢了那本书。

伊恩·汉密尔顿《J·D·塞林格：写作的人生》的失踪让我很挫败。这非常不符合我的个性，要知道当那位藏家向我亲手递来这件破旧而精致的珍藏本时，我甚至想拒绝它。

几乎立刻，在恐慌之余，我似乎又面临着这种境况的一个隐射。塞林格的绝大部分作品，都近乎病态地强调隐私。我指的并不是他众人皆知的从公众生活中撤出，而是迷漫于其小说中的隐秘感。真的，我想，试着让自己从丢失这本书中平静下来。如果不涉及隐私、秘密、亲密、甚至背叛等问题，想完成一本塞林格传记几乎是不可能的，而阅读这本禁书本身又会是一种剽窃行为。

但是，我想，传主的死肯定会改变一些事。这种改变是合法的，合乎自然的和道德的。它包括许可——你必须获得的许可，以及你凭良心能给予自己的许可。死亡改变了一切，这些基本事实，在某种程度上，如燃烧的余烬，是塞林格小说的核心。我想，这本书可以被框定为一种探寻为什么会出现这种情况的探索。在这个过程中，我可能会把手伸进外套口袋，然后抽出一封信，这显然会让人不快。因为我不得不提醒自己，主人的手已经不在那里了。塞林格的手不见了。但是那些信件，那些小说，那些声音，以及渴求知道那声音何来的好奇心，仍在那里。

4 1930 年代：火腿和奶酪

处于成长期的 J·D·塞林格，一直认为自己名叫米里亚姆的母亲是犹太人，可她不是，真名也不叫米里亚姆。父亲索尔是犹太人，从事火腿和奶酪生意，对火腿生意不太在意。

米里亚姆本名马乔里，改名是为了安抚索尔的父母，尤其是他的父亲西蒙——一位俄罗斯移民，为了赚取医学院学费，他在肯塔基州路易斯维尔市的一些演出中扮演拉比[1]，直到他取得学位。而后他举家搬到芝加哥，索尔就是在那里长大的。

米里亚姆在爱荷华州长大，除了改名字，她从未加入过犹太教——她父亲在她和索尔恋爱期间去世了，当时她才 17 岁。母亲带着最小的妹妹离开了，米利亚姆甚至还没来得及怀念，娘家似乎就不见了。于是，寻求索尔家的庇

---

[1] 拉比（Rabbi）：是犹太人中的一个特别阶层，老师和智者的象征，担任犹太人社团或犹太教教会精神领袖，或在犹太经学院中传授犹太教教义，是犹太教负责执行教规、律法并主持宗教仪式的人。原意为教师，即口传律法的教师。（编者注）

护成了她的未来保障,用易名安抚公婆的举措是权宜之计,不仅为了爱情。

婚后,米里亚姆和索尔及其父母住在一起。索尔经营一家影院,米里亚姆则开了一家小卖部。生活可谓其乐融融,除了破产这件事[1]。

米里亚姆的整个世界都围着儿子打转,溺爱他,纵容他,保护他。而且,有确凿资料显示,她从不给他理由怀疑她爱的强度和母子关系的排他性,也让人没理由不把她当作一位犹太母亲。而他的姐姐多丽丝,则毫不含糊地围绕着犹太性来描述弟弟的家庭地位:"你知道,在犹太家庭里,男孩是很特别的。母亲溺爱他,他可以无法无天。"

塞林格高中时的一个朋友写道:"他和母亲非常亲近。我记得在学校里见过她,是一个迷人而亲切的女人,显然很喜欢他唯一的儿子。"

父母直到受诫礼之后才告诉两个孩子,他们的母亲不是犹太人。多丽丝称这次经历是"创伤性的",并指出她的父母"处理得很糟糕"。

索尔对自己犹太身份的调侃,以及对火腿贸易的回避,

---

[1] 他们的女儿多丽丝,指出父亲所罗门·塞林格是芝加哥那些犹太商人中唯一一个没有成功的人。这么说无疑有些心酸,因为尽管所罗门在后来的生意中表现卓越,却也只是小兴一时。塞林格大半生的生活都相对优渥,可谓富足;多丽丝,年长弟弟六岁,则对于贫富转变更加敏感。"桑尼是跟金钱一起长大的,"多年以后她对侄女(塞林格女儿)说。

体现了他为人处事的精明。我不会对这类同化问题提出任何质疑,尤其是在一个犹太人频频改名,不得不以一种如今许多美国犹太人难以理解的方式处理歧视问题的年代。走访上东区那些没有太多文学和文化背景的犹太商人父亲,你会发现他们没有后悔,他们中也没几个知道该如何同儿子交谈。这样令人气恼的犹太父亲画像,也同样适用于索尔。塞林格对此当然很反感,从没说过父亲一句好话,他的作品大多围绕家庭展开,但父亲角色像一幅生动画面上的污点,被他抹去了。

索尔不消极也不亲切,自力更生,养家糊口,让一家人度过了"大萧条"和之后的日子。塞林格的第一位传记作者汉密尔顿,曾走访与索尔有着紧密伙伴关系的奶酪进口商联合会,在翠贝卡区设有办公室,他们了解索尔·塞林格。他们中多数是第二代,索尔是他们父亲的伙伴,因"管理严格"为商圈熟知和称誉。汉密尔顿写道:"晚年时,他以一头白发和浓密的白胡子著称。"就像有位奶酪老板提到的,"他看上去像上帝"。

关于索尔和儿子的关系,有位同事说:"我从未见过他俩在一块。"

塞林格家过圣诞节,也过光明节,但索尔仍自称是犹太人。他参加了1936年犹太慈善支持联合会组织的一场募捐活动,当时共有115名工厂领导人参加。《纽约时报》将他们的名字全数列出,用的是特别小的字号,先是工厂名，然后是该厂监督筹款流程的负责人名字。这个列表读起来像是一篇纽约新崛起的犹太精英的赞美诗，也像是工业时代的挽歌。单单 B 开头那列就是一段歌剧："面包师和面粉商","银行家和经纪人","腰带，背带，吊袜带","女式衬衫","图书出版商","纽扣，男士","纽扣，女士",每一行旁边都有一个名字。"乳制品——索尔·塞林格",这名字化成一张熟悉的脸庞，从报纸的新闻版飘过。我扑过去细瞧，为他跻身于当时犹太大人物的行列而感到骄傲。

多丽丝说，索尔的母亲去世后，他每天都去寺庙，整整 365 天。

索尔和米里亚姆的第一个孩子，多丽丝，生于 1913 年。他们的第二个孩子，杰罗姆，生于 1919 年元旦，出生证登记号 564，潦草的字迹反映出父母对儿子名字的犹疑不决：

婴儿姓名："小塞林格"

性别：男

肤色：白

出生地：纽约儿童护理医院。西区第 61 大街 161 号，纽约。

父亲姓名：索尔·塞林格

父亲寓所：百老汇大街 3681 号

父亲年龄：31 岁

肤色：白

父亲职业：奶酪业务

几天后，他们决定替小婴儿取名为杰罗姆·大卫，可又开始叫他桑尼。

5　麦伦·阿姆斯公寓

塞林格的第一个住所是百老汇大街3681号,这是一栋优雅的建筑,名为哈利顿(Halidon),位于哈莱姆区三一教堂墓地的对面。从那里,这家人搬了好几次家,每次都是搬去一个更好的社区,但从没离开过曼哈顿上西区。"像个印第安人一样手提整箱玩具兵离家出走"事件发生在百老汇大街和阿姆斯特丹大街之间的西113大街511号,一幢位于哥伦比亚大学巴特勒图书馆一侧的宽大漂亮的大楼里。

1920年代后期,他们一家搬到了一套宽敞的公寓里,西82街211号(现在的西82街216号),这幢大楼靠百老汇大街转角处有一家名叫麦伦·阿姆斯(Myron Arms)的商店。公寓由埃默里·罗斯[1]设计,曼哈顿地标建筑贝雷斯福德公寓、埃尔多拉多公寓也出自他的手笔。尽管没有其他大楼那么雄伟,却印证了米里亚姆和索尔对建筑细节

---

[1] 埃默里·罗斯(Emery Roth):美国著名建筑师,上世纪20、30年代许多纽约标志性酒店、公寓都出自他的手笔。(编者注)

有着非常独到的眼光,并遗传给了他们的孩子。任何人都可以从 1930 年代中期开在百老汇和第十八大街对面的扎巴超市(Zabar's)了解该街区的犹太风情,这里遍布着犹太人的熟食店和文化机构,是个充满希望的街区。贝比·鲁斯[1]就住在离河滨大道几个街区远的地方。

塞林格在西区读了多年的公立学校,不过很明显,所罗门不断增加的财富正在改变塞林格一家的生活方式。"桑尼出生时我们已经有点钱了,"多丽丝回忆道,"这对我们意义重大。"

我最后找到了伊恩·汉密尔顿那本书,就在我母亲公寓的书房里,那里跟麦伦·阿姆斯公寓隔了四个街区。母亲的书房是容易丢东西的地方,到处是纸张、雕塑、相片和杂七杂八的书籍,像是一连串随机运行的天体,随心情、时间以及命运而忽明忽暗——这本书突然就出现了,不再隐身,它夹在书柜顶部一排不起眼的蓝灰色图书中间,柠檬黄的封面分外显眼。寻找这本书就像在画中寻找一个隐匿的图案,乍一眼无从辨认。

都怪我的视而不见,因为我生命的大部分时间里,眼睛没有在这个旧书堆上停留过。和汉密尔顿的书含泪团圆后,我仔细察看了这批老旧的蓝灰色书籍——一套狄更斯

---

[1] 小乔治·赫曼·"贝比"·鲁斯(Babe Ruth):上世纪二三十年代美国职业棒球联盟球员,随洋基队取得 4 次世界大赛冠军,帮助红袜队取得 3 次世界大赛冠军,是美国棒球史上最有名的球星之一。"美国在线" 2005 年举办票选活动"最伟大的美国人",贝比·鲁斯位列第 14 名。(编者注)

的小说，包括霍尔顿·考尔菲德在《麦田里的守望者》里张口第一句就提到的《大卫·考波菲尔》。

几年前，有个出短差的朋友来这间公寓看我，他在客厅坐下，环顾了下四周，开口说，"我从没在这样的公寓待过，像是J·D·塞林格小说里的！"

"不，不！"我说，"塞林格的小说都发生在东区！"

霍尔顿生活在东区，塞林格的绝大部分小说都设在那里，包括《弗兰妮与祖伊》，但是西摩堕落的青年时期则设在西区，尤其是第108大街和河滨大道。

塞林格所有的小说都是城市书写，就像他本人是一个城市男孩，即便有的故事不是在城市里发生，即使他本人成年后的大部分时光都在乡村和陡峭的群山中度过。《麦田里的守望者》是一本关于城市的书，一本关于纽约的书，尽管霍尔顿·考尔菲德在总共两天的游荡过去四分之一后才到达纽约，但那是他一生走过的地方，是指南针指向的那个点。我决定去这个塞林格成长之地一探究竟，就算曾在他的书中无数次神游过这个麦伦·阿姆斯公寓，就算我成长的地方和那里很相似。

6 科曼切族

1930 年代,11 岁的桑尼被送到缅因州的夏令营。威格华姆夏令营是 1922 年由阿伯拉诺德·雷曼创办的,大家又会管他叫波珀。雷曼和曼德尔斯塔姆听着像是合开了一家经纪公司[1],把营地扎在了缅因州西部一个美不胜收的湖边。两人一年中的大部分时间都住在曼哈顿,除了夏令营间。这不是什么休闲爱好,而是他们的生意,他们共同拥有这个营地超过 40 年,每年夏天都经营这个营地。

曼蒂可能是同性恋,"这是大家心知肚明的事实",就像营地现任主管鲍勃·施特劳斯提到的那样。波珀的妻子名叫麦西,她"像希腊神话里的牛头人弥诺陶洛斯一样讨人喜欢,大踏步走路的样子经常被人模仿",1937 年首次参加威格华姆夏令营的爱德华·罗森是这样描述她的。

---

[1] 雷曼(Leham):雷曼兄弟公司是美国四大投资银行之一,2008 年因次贷危机而宣布破产,在金融界引发多米诺骨牌效应,对美国经济造成巨大冲击。(编者注)

麦西身上透着一丝隐士的气息，走路弓腰驼背，成为一道风景。露营的男孩们为此发展出一项未经许可的传统——他们懒散地走进树林，在一棵奇形怪状的树前学麦西弓腰驼背的模样撒尿。波珀生气地将那棵树砍下来，拖到步枪打靶场的后方，结果男孩们又会偷偷溜到步枪打靶场撒尿，这些露营者们总是得寸进尺。要么是出于恶搞，要么是想阻止孩子们去打靶场捣乱，波珀最后只得把树拖回原来的位置，然后用薄板和钉子帮助它起死回生，再插上块木牌，这般重生后的树木成为了它自己的纪念碑。如今树已经不见了踪影，那块写着"麦西的树"的牌子还杵在那里。

1934年，塞林格参加威格华姆夏令营的第四个年头，曼蒂和波珀打了一架，不再和对方说话。接下来的30年里，不管是一起运营营地，监督游戏中成群尖叫的孩子们，检查膳食，雇佣法律顾问，催促家长给过冬的孩子注册，或是在仲夏夜家长日张开双臂欢迎来客，两人"只有在必要时才相互说话，而且从不带丝毫感情"，罗森回忆道。

二十世纪六十年代早期，波珀把他的股份全部卖给了曼蒂。几年以后，1964年，曼蒂又把股份卖给了内德和海伦·施特劳斯。1976年，内德过世，在这份地产里长大的儿子鲍勃接管了产业并经营至今，常年和家人们生活在这里。

我在三月初去了趟营地,那里刚经历了一场巨大的风暴,不过等我出发时已天空如洗,空气温柔。我从波士顿出发,以一种盲目的自信在州际公路上潇洒前行。在几处稍作停留,用过午餐后,突然陷入一种需要防水胶鞋的恐慌之中。

我从没来过缅因州。跨过州界线时,一则夸张的标语迎接了我——过你该过的生活——紧跟其后的是写给醉酒司机的一则恐怖警示。我不能去找胶鞋了,太阳落得太快。我转向更窄的公路,空气中的湿度让光线变得朦胧而美妙,沿途风景美不胜收。可我无心观赏,一路担心自己无法在天黑前到达目的地,我的鞋会深陷在冰冷的泥地。最后,我靠边停车,买了一些垃圾袋,打算用它们裹住双脚。

当鲍勃·施特劳斯从家里走出来时,我正挪动套着黑色垃圾袋的双脚,跨越他家门口那片被白雪覆盖的巨大冰湖。

"我有点儿担心泥地,"我解释。

"你随时会滑倒的,"他说,"不需要这些垃圾袋。"

我们先是经过了餐厅——木地板,拱顶天花板,老式大火炉。阳光透过窗子从湖那边照射进来,湖面上有划艇划近,在阳光中若隐若现地闪着光。有那么一瞬,我不禁联想到冷得直打哆嗦的孩子想要进来吃早餐的场景。墙上挂着的相片大多摄于夏季,我们从中找到一张1922年的照片,却找不到1930年的。

我们转向小屋的方向。"跟我来,"鲍勃说。我口中哈出了白气。我的脚比鲍勃的大多了,很难踩着他的脚印前进。整个过程变成一场艰难的跳房子游戏,我忙着把脚放入他踩出的雪坑里,无暇四顾。走到一半,我对着地面咒骂了一声,然后抬头望去,我们正靠近一排面向雪地的月牙型小木屋。太阳移到了树丛后方,天空一片蔚蓝,透过树丛可以看到湖面闪着白光。

更靠近些,我看到每间木屋都刻有一个印第安部落的名字。我径直走向"科曼切族"那一间,不是因为那里有塞林格待过的明显证据,而是在《笑面人》中,那些孩子正是"科曼切人"。感觉还不错。我们步入这间小屋的黑暗之中,站到冰冷的木墙之间,有种被外面的蓝光包围的感觉。夏天,这个地方充斥着喧闹的谈笑声。而今,傍晚时分,在冬天的冷寂中,能清晰地听见雪花落在地上的声音。对于营地的记忆如潮水般涌来,在这里的生活缓解了校园社交所带来的更为凛冽的残酷。我以一种半抽象的方式想起了《麦田里的守望者》为重磅文学经典注入的积极影响,这些经典中的其他作品无疑更加黑暗——《独自和解》、《动物农庄》、《1984》,以及萦绕在每个年轻男孩心中的反乌托邦神作《蝇王》。

我四处观望。树林寂静,湖面宽阔,田野周围的月牙型木屋给人带来希望之感。营地独有的美好气氛,在当年似一股积极的能量流淌进小桑尼·塞林格的体内,他在1930年11月岁时获得了营地专为青年集会活动设立的"最佳男演员奖"。那些野外探险、一日游、夏令营,永远散发着蜜糖色光芒的营地生活,唤醒了男孩塞林格的写作之魂,并激励他一路跌跌撞撞走向这个领域的更深处。这些美好如朝圣路上飘降的湿雪,落在了塞林格青年时期所居的科曼切木屋之上,也轻覆于塞林格年轻的心中。

我们穿过松树林,来到湖岸边。鲍勃同我讲起曼蒂和波珀的过去,他们之间长时间的缄默,就好像在缅因州夏令营这甜蜜和无法躲避的喧闹声中,挖出了一个甜甜圈黑洞。

这次拜访最后结束于湖面行走,鲍勃用我的手机帮我拍了张照。他告诉我,麦西晚年时就生活在附近,由当地人照顾。在波珀和曼蒂离开后的很长时间里,她会隔三差五地来营地匆匆扫上一眼。

我走了几步,脚踏着冰面,异常费劲。

"没什么担心的。"鲍勃说。他看起来能干、冷静、和善,我想他一定是一位优秀的营地负责人。之后我会和他的妻子还有大学年龄的女儿坐在客厅,在炉火旁小口抿着热巧克力,然后将他视作努力享受人生的同龄人。但是现在,在结冰的湖面上,他是那些遥远的、几乎像神一样存在的人物,水平远高于你的法律顾问,是那些你既想要欺瞒,又仰赖他们获得食物、保护以及就什么时候可以不再踏上冰湖这个问题给予你建议的人之一。

我又走了几步,然后继续挪了几步。"很好。"他说,声音里有一丝紧张。

7　1932：麦克伯尼和中央公园

1932年,"大萧条"最低谷时,索尔·塞林格把家搬到了城市的另一边——第99大街的公园大道1133号。我可以证明,新家大了些,但也没大多少,但关键它位于公园大道上。以公园大道的标准看,1133号是非常不起眼的,每层楼都有一个很小的大堂和两套差不多大的套间。而且位于第86大街北面,搬进来时是租赁房,房间面积刚好够住。但无论过去还是现在,能把家安在公园大道上,对于索尔和米里亚姆来说,无疑是值得自豪的。

对桑尼来说,这也是一个背井离乡的时刻。离开了犹太人居住的上西区,来到盎格鲁-撒克逊白人聚集的上东区,还第一次进入私立学校。道尔顿是这座城市的精英私立学校之一,就在几个街区之外。但塞林格最终选择了麦克伯尼,这所学校不那么"精英",位于西63街,背向上西区,中央公园西侧,如今已经不在了。接受麦克伯尼的入学面试时,塞林格说他可以"游五十英尺,喜欢乒乓、足球和热带鱼"。可惜老师们对这些不感兴趣，塞林格读了两年就退学了。但麦克伯尼的两年里，他在其他方面都很投入。他先担任了副班长，然后班长，是校报《麦克伯尼人》的记者。他出演了两部校园剧，在每部剧中都扮演女主角，延续了他的夏令营专长。塞林格经常给《麦克伯尼人》写剧评，该报曾有篇剧评赞扬了他的表演，可疑的是文章没有署名。

他在麦克伯尼的生活中有一个细节给人深刻印象：他结交过一个名叫博比·斯特拉瑟的朋友，这个男孩死于突发性鼻窦炎。塞林格的小说里充满了失去兄弟手足的悲伤，可现实生活中他从未有过兄弟，也没失去过手足。那他在字里行间所表达的，是密友博比之死给他留下的忧伤么？

斯特拉瑟的母亲却对传记作者汉密尔顿表示，塞林格和她儿子并没那么亲密，虽然他们是麦克伯尼学生会的同事。

塞林格在麦克伯尼的失败和他的被迫退学，乍一看，似乎给他为什么痛恨虚伪的"常春藤做派"提供了简明答案。差生嘲笑优等生，是再自然不过的事了。但光这么想显然有点简单化，这些情绪的根源是多方面的，其中就包括当时常春藤联盟盛行的反犹主义。

麦克伯尼在《麦田里的守望者》中扮演了一个引人注目的小角色，潘西预备学校本来要和这所学校举行击剑比赛，但霍尔顿把比赛用剑落在了地铁上，所以比赛根本没有举行。塞林格与麦克伯尼的首个联系似乎是羞辱。可问题是,麦克伯尼确实是潘西中学的原型吗?

对我而言,麦克伯尼的意义主要在于它的位置。塞林格在作品里不断引用纽约的城市景观,人们可以从这些景观中获得共鸣,但你能从中找到他的生活轨迹吗?如果你和我经历同一个凛冽的冬天,站在中央公园第63大街那头,沃尔曼溜冰场的西边、那块大岩石露出来的地方,你就能看到,在明亮的石灰岩建筑中间,有一栋老旧黢黑的大楼如史前怪兽般拦截在半道,那就是麦克伯尼基督教青年会。当他当年去那儿读书时,它应该不是黢黑的,但显然同样出挑。如果你从这个有利位置向东转,直行,就能找到中央公园的浅水湖和里面的鸭子,这里曾引发霍尔顿·考尔菲德最著名的冬日畅想。《麦田里的守望者》中,当霍尔登向出租车司机问起冬天的鸭子时,没有提到麦克伯尼或高中阶段,也没有提到被迫退学——就像塞林格所经历的那样,被要求带着一封信离开学校,信中说,他"在青春期受到了沉重打击"。然而,这个问题被一种迷人的孤独感所笼罩,这种孤独感一定是从麦克伯尼开始,进入中央公园里冬天的游荡之中。今时今日你依然可以感受到它。

"他想做一些非常规的事,"一个与塞林格同期的人说,他在1932年认识塞林格,刚好是后者转学来麦克伯尼的时候,"家里没有人知道他在哪里,在做什么。他只是在吃饭的时候才出现。"

　　学校和家的两点一线之间会发生很多事,尤其当学校和家分别位于中央公园对角线的两头。很多著名的塞林格场景都出现在这个公园:《麦田里的守望者》里冬天的鸭了,《笑面人》里的星期六日营。但是它们的存在,或者说纽约整座城市的存在,是以各种不那么具有寓言性的方式表明的。作家往往会被问到写作受了什么影响,答案往往是非文学的,甚至经常是无意识的。中央公园黄昏时分的街灯,公园外围用灰色六边形石块连成的人行道,都出现在他的作品中,但从不强调。这座城市本身是破旧的、用过的,无数双脚跟在石头上敲打,把石头磨平,就像海浪拍打岩石一样。这里的风景无情,但也是一个适合你的避难所,至少在一个下午,你可以在这里消失。

8 塞林格三联画

经过一段时间对塞林格作品的思考,我发现它开始以三联画的形式排列起来。

左联:他的早期作品。从 1940 年开始,他发表了第一个故事,一直延续到 1948 年。这一时期的写作通常被视为学徒作品,许多评论家对此不屑一顾。这是一个错误。有几颗宝石的,《我认识的一个女孩》、《陌生人》、《最后最好的彼得·潘》、《没有一点腰身的年轻姑娘在 1941 年》皆为佳作,其他几篇则是宝石的前身——很少有人在写一个故事会提到他之前写的一个故事。霍尔顿·考尔菲德出现在他最早写的小说之一《冲出麦迪逊的轻度反叛》中,是他卖给《纽约客》的第一篇小说,也将是他发表的第四部小说。但就在 1941 年底新书即将发行的一周前,珍珠港遇袭,杂志社认为不适合在这种气氛里出版。

中联:这一联以 1948 年 1 月 31 日发表在《纽约客》上的《逮香蕉鱼的最佳日子》为开端。塞林格的同代人,罗杰·安吉尔,当时在《纽约客》任职,形容这部作品

"像一颗子弹,没人读过这样的小说"。塞林格这一时期的作品可以一直延续到 1957 年,但由于他等很长时间才把这些短篇结集成册,直到 1963 年,他的最后一本名叫《抬高房梁,木匠们;西摩:小传》的短篇集才得以出版,也宣告了中联的结束。

右联:除了一篇《1942 年哈普沃斯 16 号》,1965 年发表于《纽约客》,此后他再没有发表过新作。但从 1963 年到 2010 年,涌现了太多的塞林格作品汇编,几乎贯穿了他一半的人生。

细想起来,塞林格的三联画是颇奇怪的。把作者的作品分成章节或段落是一种自然的冲动,比如菲利普·罗斯,《再见,哥伦布》以及后来的两部小说《放任》和《她是好女人的时候》,是他的第一联,风格保守,不论它们有多么热情洋溢。中联始于《波特诺的怨诉》的激进突破,这种实验精神一直延展至"祖克曼"和"凯普什"系列丛书,并且越来越明显,并在《反生活》和《夏洛克战役》中攀至顶峰。

《安息日剧院》爆炸性地开启了罗斯文学生涯的第三联。只是转了一圈又回到了原点,不再有常见的实验游戏,而是感觉他又回到了出生地新泽西。他不再紧盯着女友的守财奴父亲不放,这位老人甚至将屋里带有家产的玻璃橱窗封上了排水管密封圈。他开始将自己置于那一代人的位置,关注他们的生存状况,因为他已经和他们同龄又有了很多同感。紧接着是《美国牧歌》，一本纽瓦克编年史。从某种角度来说，罗斯的写作和1936年那份《纽约时报》上印有索尔·塞林格名字的犹太联合会工厂主席名单，不无暗合——纽约犹太教所有大人物的名字都被列在了他们所代表的行业的旁边。

当然联数的多少不是关键，罗斯三联画最突出的地方在于，从罗斯任一阶段中抽出来的故事都能打动读者，打动任何人。

塞林格三联画不同的是，他中联时期的作品最负盛名，比如《麦田里的守望者》、《弗兰妮与祖伊》、《抬高房梁，木匠们》、《西摩：小传》。第一联中也有值得一读的好故事，不少不可思议的作品。第三联则是一个不可知的神秘文库。人们如此评述塞林格三联画：他首先是一个作家，然后是一位著名作家，最后是一则神话。

塞林格是一位多产、专注的作者，年轻时便得享盛名，作品发表在销量最大、影响最广的杂志上。二战期间，作为一名驻扎在欧洲的士兵，塞林格遇到了欧内斯特·海明威。这位著名作家接受了他，但并没有将他视作同道，而是把他当作同行中的新鲜面孔。海明威知道塞林格是谁，他在《时尚先生》杂志上读过塞林格写的《没抹蛋黄酱的三明治》，文字旁附有他的照片，海明威认得出他的脸。当时的年轻作家经常被要求把他们的脸和作品放在一起。

中联时期，出现在《麦田里的守望者》封底的作者相片一直让塞林格很痛苦，等到第三版，他终于成功地将它从书皮上拿掉了。第三联时期的塞林格只有一部作品问世，而第一联时期的塞林格很高兴能出现在《时尚先生》这样一本高雅于其他通俗杂志的刊物上，购买他短篇的人都慕名而来。

塞林格打算整理这些早期短篇小说出一个集子，可命运弄人，无法成真。后来他索性决定压下这些小说，不再希望人们读到它们。它们成了一个幻影，一则谣言，但就在眼前。

9　1934—1936：塞林格巅峰

学校如果开除学生,需要通过信件来说明理由。麦克伯尼开除了塞林格,然后在退学信里说他"心智未开"。说他有"足够"的能力,却"不懂得学业这个词"。

要找到一所能够接纳 J·D·塞林格的学校并不容易。最终,1934 年秋天,福吉谷军事学院接纳了他。这是一所相对较新的寄宿学校,位于宾夕法尼亚州的乡下,距离费城有半个小时车程。

《麦田里的守望者》和"潘西的守望者"有一些明显的相似之处:两人各自的学校都在《纽约时报》上刊登了广告,主角都是一个骑着马的人,但没有马。两者都将自己呈现为一个不合格的塑造者,福吉谷在《纽约时报》的广告上甚至用了"教育难题狙击手"这一短语。此外,在小说和现实生活中,宿舍房间也都是被公共浴室隔开,房间很少有隐私。但这些相似都是在外在装饰方面。

塞林格的姐姐多丽丝认为这是一个反犹的地方,塞林格则因坚持自己是犹太人而不受待见。有调查显示，宾夕法尼亚中部的反犹情绪是全国最严重的，这个结论可能支持了多丽丝的观点，但塞林格本人及其作品却很少提及，除了短篇《下到小船里》——四岁的主人公因管家太太的一句嘲讽深受伤害，后者称他的父亲是一个"马大哈犹太佬"。塞林格后来声称自己从15岁就开始半夜用手电筒在被窝里写作，那是他在福吉谷的第一年。麦克伯尼这所基督教青年会的附属机构，让塞林格感觉自己不是犹太人，而福吉谷则可能时刻提醒他就是犹太人。

在福吉谷，塞林格刻薄且冷漠，但他也很有趣，很积极，很投入。广交朋友，虽然不是很明确，但他第一次体验到了纽约客身在外省才有的奇怪特权及诱惑，让他有机会成为人们口中的"纽约先生"。

汉密尔顿从同学中选出几段对塞林格的评价。

"杰罗姆给我印象最深的是他说话的方式，总是拿腔拿调，好像成天在背诵莎士比亚的什么话。"

"我得说，我非常喜欢有他作伴。他智慧又幽默，还会说一些俏皮话。他是一个早熟又天才的家伙，我想他在那会儿就意识到自己比其他人更有写作天赋。"

"我们当时都瘦得皮包骨头，年轻又孩子气。他的老练和幽默深深地吸引了我，常常对学校里的一些人事和不得不遵循的愚蠢规矩大肆挖苦嘲讽。我们都讨厌这种军事管理，常常想知道我们为什么不离开学校。我相信杰里做的每一件事都不是为了晋升，他认为这幼稚又荒谬。他喜欢打破禁忌，我们有几次凌晨四点溜出学校，在当地一家小餐厅里享用早餐。他第二年能回来上课，我真的大喜过望。"

"他喜欢谈话。他热衷模仿。他喜欢人群，但他不能忍受装腔作势的人。杰里深知自己被错误地安排在军事角色上。他有着修长的双腿和鲜明的棱角，一头乌黑的头发向后梳着。他的制服总是在错误的地方皱巴巴的。这句话的意思是：'在一长串军校学生当中，他就是那个刺儿头。'"

一天，塞林格的母亲来访，点评了男孩们帽子上"闪闪的红星"。塞林格告诉她，这是为了惩罚那些口出秽语的男生，头顶耻辱柱般的红章会让人退避三分，可实际上是荣誉勋章。

塞林格喜欢溜出校园，把自己灌醉，这时会显得毒舌，拒人于千里之外，但好在每次都能躲过麻烦。只有一次大告不妙：那晚塞林格喝得酩酊大醉，不断吵闹，大肆叫嚣打破校规，沸反盈天，以至于直接惊动了校方。最后这台自动发射的天线被他的室友内德·戴维斯一拳击倒，内德或许就是《麦田里的守望者》中斯特拉德莱特的原型，同学评论他"是一名优秀的军校学员，相貌英俊，身材高大，总是扎起头发，坚信自己是姑娘们的真命天子"。

塞林格在福吉谷的经历中也有积极的一面，他是各种校园活动坚定而狂热的支持者及爱好者，是合唱团、航空学会、法语俱乐部、"面具和马刺"戏剧社的成员。他在一出有关一战的音乐剧中扮演男主角,一句台词是:"哦,天哪,那一定太棒了。"(另一句是:"德国人真的很正经,不是吗?")

在同学眼中,塞林格已经是"那个作家"了。

"杰里从不急于求成,"一位同学说。"他是标新立异的思想家。我的意思是,他总能从不同的角度想事情。当我们想写点啥时,总会先想到他。"

塞林格是班级年鉴《十字军刀》的文学编辑,也就是说他独自写出了整本年鉴。里面充斥了看似一本正经的欢呼和亲切的问候,比如这封写给该校创始人、校长、总监贝克上校的信:"一想到福吉谷军事学院,就想到贝克上校,这两个同义词。福吉谷对我们意味着什么,也就是贝克上校对我们意味着什么。我们,1936届,在这里遗憾地向这位代表了我们所有希望的人告别。"

的确,一旦你知道上面那位作者会用"约翰,你是那小子的白马王子"来挤兑人,你就会忍不住想知道这些话是不是很滑稽。汉密尔顿也有同样的怀疑。不过我相信塞林格是真诚的,你不能因为一个孩子略显夸张的表达,就否认他对这所将其从退学泥潭中解救出来的学校所怀有的感激之情。

《十字军刀》1935年春季版中,塞林格将自己在福吉谷学习的第一年(1934—1935学年),命名为"塞林格巅峰"。

1936年，也就是塞林格高中的最后一年，他在年鉴中写道："1932年9月，新生活的开始！预科学校！你还记得你怀着怎样的焦虑等待着录取通知书吗？你还记得通知书下来，你突然意识到死亡真来了时的那种恐惧吗？你真的想离开你的父母和朋友——你习惯了的习惯——去一所你会读好多书，追求远大前程的军校吗？你还记得在被神气十足的下级军官们推开前，跟母亲道别跟父亲紧紧握手时的强烈不舍吗？"

这是虚构。塞林格是1934年到福吉谷的，不是1932年。一方面，这种对事实的涂抹可以被视为制造一段共同历史的企图。但这听起来总像是前苏联篡改的照片，照片中一些名誉扫地的共产党官员被抹掉，只留下他的一顶帽了，那是他借给照片中敬爱的领袖的。麦克伯尼也就此不见了。

谎言是希望的一种形式。那塞林格希望的是什么？也许他只是想从自己的个人历史中抹掉麦克伯尼，就像人们经常从个人历史中抹掉某些艰难的爱情故事一样。但如果我们认真当回事，也许1932年真就是他笔下与母亲道别的时分，与父亲紧紧握手的那个黎明，那年他全家从西82大街的麦伦·阿姆斯公寓搬到了公园大道1133号，也就大致在那个时间，桑尼知道了自己不是犹太人，或者不是他想象中的那类犹太人，父母因此成了陌生人。

塞林格为 1936 届毕业生写了一首歌，发表在《十字军刀》，并在毕业时演唱。开头是这样的：

> 昨天的眼泪不要隐藏
> 你的悲伤并不羞耻
> 不带忧愁
> 不再嬉戏
> 前进

它在这条血脉中流淌很久。难以置信，这首歌在福吉谷军事学院的毕业典礼上传唱至今。

伊恩·汉密尔顿认为，这是一场故作姿态的表演，掩盖了那塞林格式的轻蔑嘲讽。"当一个'了不起的说谎者'开始相信自己的谎言时，他的效率是最高的。"汉密尔顿写道。

但是拯救和被拯救在很大程度上是塞林格的想象，正如我们从《麦田里的守望者》中了解到的，现实生活中福吉谷也在许多方面拯救了他。不管塞林格认为学校的规矩有多愚蠢，当他需要时福吉谷就在那儿。众所周知，霍尔顿·考尔菲德也逃离了一所预科学校，因为他对那儿成见很深。再者，他自己也实在是糟透了。不过就读预科学校，确实帮助塞林格将感情从麦克伯尼转移到了福吉谷。

10　普林斯顿的反常

我 前往普林斯顿大学图书馆,那里有塞林格早期作品的副本,以及跟他的第一位编辑兼写作指导惠特·伯内特的书信往来。

当火车远离宾夕法尼亚站时,我对自己作为文学侦探的角色激动不已。我知道人们热衷于探寻塞林格,已经有了一段长长的历史——他们听起来像是些自吹自擂的小偷,或者,像塞林格在给汉密尔顿的信中[1],用他后期那种詹姆斯式华丽的巴洛克文风写到的:"或许我要再加上一句,也许算不上明智的话。在我在世时,总会发生那种糟糕到几乎不能被复制的'奇观',而且它们显然是合法的——全世界的报社或出版社,常常会'委任'一些人来调查我,而这些人在新闻界或学术界的名声并不怎样……"

读过第一版禁书,再读第二版正式发行的汉密尔顿,是一次糟糕的经历。第二版缺少塞林格自己的声音,且缺

---

[1] 后来被引用于 1987 年 6 月 15 日出版的《纽约》杂志封面故事。

少的远不止于此。汉密尔顿试图把传记写得直白简洁、有高度文学修养，最后却沦为一部失败的加长版的个人化随笔。部分原因在于，法律的苦涩气息弥漫于整本传记中，而第一版中则没有像在第二本书中那样说的，塞林格"在任何现实意义上，都是隐形的，就像死了一样"。

威尔弗里德·拉希德在《纽约书评》上，对《寻找塞林格》一书作的绝妙点评是："死亡和隐形之间仍存在着微小却重要的差别。"

总有一种冒犯的气息围绕在塞林格的名字周围，盘旋于普林斯顿档案馆各种规则的上方。与塞林格及汉密尔顿有关的文件都被保管在杜勒斯阅览室。除了电脑，我必须把其他所有随身物品都锁进柜子，然后褪下戒指把手洗干净，走进一座带有拱形天花板的小教堂。这是一个极为安静的房间，呈八角形。八张桌子对着图书馆管理员的办公桌，房间后方则是一台计算机终端处理器。房间两侧是巨大的金属柜，存放着预借档案盒。每天的某一时刻，会有人按下开关，将遮挡住晨光的白色纱窗帘升上天空，我可以说，光线和视野没有什么变化。但无论如何，这是这一圣地的一个圣礼。

我做的第一件事，便是查看伊恩·汉密尔顿撰写的塞林格传记的底稿，这类收藏让普林斯顿或多或少显得有点反常。当然它也是故事档案的家，里面装满了塞林格的信件，其中有不少汉密尔顿在他未出版的书中引用过。我带来了汉密尔顿的这本禁书,挨着桌上的这盒档案。这样一来,有关塞林格未能公之于众的隐秘,便在同一空间有了三个不同的版本。

当我仔细端详汉密尔顿考究的手稿时,一盒装有塞林格书信和早期短篇的档案被带到了另一张桌子上。

查阅汉密尔顿的材料时,我可以坐在笔记本电脑旁,一边阅读,一边打字做笔记。而查阅塞林格材料则有一项特殊规定:当你和塞林格盒子坐在一起时,你的桌上不能有任何东西。不能放电脑。不能放铅笔。只有你和那些信。

我没有急着过去,等了一会儿。面前的盒子像骨灰坛一样放在那里,我盯着它:汉密尔顿曾在这里,面对这箱书信做笔记,而我现在正读着被他放进书里的这些笔记,不用多久它们就再也不能作为塞林格资料被摘抄下来,只能如我眼前所见,隔桌相望。

我走向塞林格桌子,把笔记本电脑留在了身后。每当我读到想要引用的内容时,就必须从塞林格桌子起身,走向放着笔记本电脑的那张桌子。起先我是以一种庄严的姿态做这件事的,移动移动,因为这不是一间匆忙的房间。但在一次只能抓取那么点内容的情况下,我不得不加快速度。塞林格的信中有一些精彩的段落,迫使我要将它们全部摘录下来。对于我不停地从一张桌子移到另一张桌,图书管理员倒没有说什么。我完全忘记了这是一种仪式,最终发现自己在两张桌子之间来回奔忙,用手掌中的每一掬水来填满整个浴缸。

如果围绕这些书信的知识产权和伦理意识不是如此强烈的话，仅仅从这些信件所附的程序来看，我还能后知后觉它的另一个含义。它和阅览室提供的非常不错的笔记用纸有关——因为你不能自带任何纸张——这些稿纸有横线，是普林斯顿专属的橘黄色，中间有个洞。

后来我发现，在所有老牌名校中，普林斯顿是最后一个放弃其荣誉图书馆系统，转而采用更传统的方法的。它在1970年代的某个时期就这样做了，关闭整个图书馆来清点藏书，图书管理员们发现有大量珍贵手稿和文件被偷，普林斯顿大学已经被抢劫了几十年。

有关知识产权的冲突包围了整所大学和整个城镇。

"普林斯顿可能后悔称自己为普林斯顿，"我的一个同事罗杰·贝林对我说。

"这是为什么？"我问。

"因为他们不能把名字注册成学校商标，普林斯顿是一座城镇的名字，任何人都可以使用它。哈佛、耶鲁、达特默斯都在收取高额版权费，如果有人想使用这些名字的话。但比如《普林斯顿评论》，就和同名大学没有任何关系。"

最后，普林斯顿大学倒是在塞林格的作品中扮演了一个重要角色。我在那个凛冽又明亮的早晨到达走上火车站台，那正是赖恩·康特尔曾经著名地伫立过的地方，他的外套敞开着，读着弗兰妮的来信，这个女孩将在普林斯顿下车。

但这个信息必须由我以前的学生尼克·佩鲁福告诉我,我们相约共进午餐,他在附近的特伦顿找到一份体育记者的工作。当我告诉他此行目的时,他提到了"弗兰妮"和对于车站位置的习惯性误解。

"我还以为车站的一幕发生在纽黑文。"我告诉他。

"很多人都这么想,"他说。"我在 iTunes 公开课上听了一节关于塞林格的讲座,教授犯了同样的错误,也谈到了纽黑文。正确判断的关键在于他们谈论的'耶鲁赛事',而耶鲁人是不会把主场比赛说成'耶鲁赛事'的,除非耶鲁是客场作战,比如在普林斯顿。"

进一步调查显示,赖恩和弗兰妮用餐的那家餐厅叫做"镰刀",以"拉希尔"餐厅为原型。"拉希尔"如今已经歇业,但直到 2010 年还在普林斯顿的威瑟斯彭街营业。菜单上有蛙腿。

11　塞林格的地下出版物

杜勒斯阅览室下午 4 点 45 分关门。我得赶回火车站。天已经黑了,冷到骨头里,就像我手头的研究课题。所谓塞林格天气,就是这种厚外套、围巾、毛衣的天气。穿过不熟悉的建筑物,希望能撞到火车站。时值寒假,校园里空无一人。一辆校园班车载了我一程,司机特意为我这个唯一的乘客停了一站。他告诉我附近的一条捷径,指示我爬过一座小山。于是我在黑暗中绕到一个建筑的后方,在潮湿的树叶和灌木丛中往上爬。最后我看到了车站,可它在栅栏的另一侧,我得沿着栅栏再走一会儿,像个贼。

这是我返回新奥尔良前最后一次去普林斯顿图书馆,在杜勒斯阅览室里摆放好我的笔记本电脑,调来一盒子文档,看着它被放在我座位前面的另一张桌子上。那个晚上,我没过多地碰那个盒子,只是在离开前把盒盖打开了片刻,像是要将什么释放到空气中。然后我盖上盒盖,在澄澈透亮的傍晚动身了。

我在纽约下了火车就直奔一家餐厅,在那里我将再收集一些塞林格的"走私货"。我要见的是一个熟人,做电影,也做过音乐。他是那种做起事来毫不费力的人,成功像空气一样围绕着他。当我提到我的传记时,他便表示自己是塞林格的狂热粉丝,拥有塞林格的短篇小说,也就是塞林格三联画中第一联的地下出版物。

1970年代早期,有人将这些小说集结成一本瘦长的小册子。字体很小,看上去出自电脑打印机,他或她显然很匆忙,错别字满天飞。尽管如此,在塞林格得知此事并提起诉讼要求停止销售前,这份业余工作成果已经在全国各大书店售出了25000册。正是这一事件,促成了一次少有的采访。塞林格在1974年就未经授权的出版物发声,他告诉《纽约时报》的莱西·福斯伯格[1]:"我的一些短篇,我的财产,被偷走了。有人占用了它们,这是违法行为,是

---

[1] 莱西·福斯伯格曾是《纽约时报》文化编辑亚瑟·盖尔布的助手,是他唤起了她的活力和自信。她经常宣称总有一天会采访到J·D·塞林格,盖尔布问她如何操作,她说不知道。福斯伯格的丈夫,作家大卫·哈里斯叙述了事情经过:

"作为一名记者,莱西有着非凡的人格魅力,能让谈话变得容易,知道如何让人们开口。她对那通来电很是惊讶。因为'盗版门'发生后,她已经和塞林格的经纪人通过气,说她会写一篇相关报道并指出塞林格本人谢绝评论。然后电话铃响了,我接了起来,听了一会儿,喊道:'有个叫塞林格的男人找你。'我把电话给了莱西,她随后突然冲我说:'给我纸笔!'他们两人就这么一直聊一直聊。我觉得那次谈话不存在任何冷场,每次塞林格停下,莱西都能适时地提出下一个问题。电话一挂断,她开始兴奋,满是成就感,欢呼雀跃:'那是J·D·塞林格啊!'"

福斯伯格1993年死于癌症。哈里斯这样描述20年前去世的妻子、孩子的母亲:她还是20年前的老样子。他的声音清晰而真诚,有重点,好像在向我们展示一封亲笔信。

"那时,莱西完成了她的报道,《纽约时报》将它刊登在了头版,当时非时政类的软新闻上头版的情况并不多见。她由此获得了很多专业认可,我为她得到那样的认可而高兴……一个完美的人,一个不同寻常的人。"

不公平的。就好比你有一件非常喜欢的外套,却被人闯进衣橱偷走了它。这是我的感受。"

这个典型的塞林格式比喻的矛盾之处在于,想要充分理解它,我们必须读过他的一部收入集子的小说,《没抹蛋黄酱的三明治》,里面有段话是这样说的:"谁偷了我的雨衣?我所有的信都在左边的口袋里。我的瑞德的信,菲比的信,霍尔顿的信。霍尔顿的。噢,听着,我不在乎被偷了雨衣,但是留下我的信可以吗?"

在酒吧里,我把装订好的两本土黄色小册子塞进包里,并答应我的朋友善待它们。我注意到他买进时的价格,老式铅笔在书页内侧留下一个淡淡的数字:600 美元。我的新皮包是妻子给的,准备度假时用,现在包里的塞林格地下盗版书正紧挨着伊恩·汉密尔顿那本禁书,而前者的内容读起来更像是塞林格的非法读物。我成了行走的"塞林格非法出版物资源库"。

鉴于在汉密尔顿这本禁书上的不幸遭遇,这回我发誓把所有书都藏在皮包里。这无关炫耀,毕竟,这些故事是珍贵的资源,一个人能有多少机会读到塞林格的新小说?当一个秘密进入你的掌握时,有两种方法来回应它:要么你和每个人分享它;要么你保守它,并成为美德的共谋者。在我这本书中,我想两者兼顾。

12　1937：维也纳

杰罗姆·塞林格1936年从福吉谷毕业，回到了公园大道1133号的家。那年秋天，他考上了纽约大学。他在麦克伯尼上学时，住在家里，乘公共汽车上学，过得并不好。纽约大学的成绩也好不到哪里去，1937年春季期中考成绩下来后，他又退学了。

在这一点上，塞林格并非没有方向。他的愿望是想成为一名作家，或者演员，剧作家。他打算写短篇小说，或者写剧本，或者两样都干；目前还不完全清楚。索尔·塞林格却无法容忍这种前途不明的选择，决定送他不学无术的儿子去欧洲做长期学徒，学习进口业务。塞林格的第一站将在维也纳呆五个月，在那里提高自己的语言能力，然后在波兰作短暂停留，以熟悉J·S·霍夫曼公司利润丰厚的进口火腿罐头业务。

重新审视二战前夕这段艰难岁月，并希望通过时间倒流来推断当事人的想法，这几乎是不可能的。一个事态巨变的时代，往往过去了才会看清所谓"正确"会面临的险境。可我仍禁不住想知道，索尔对桑尼的不满是否真的强烈到，要在1937年将自己的犹太儿子送去维也纳。

令人难以置信的是，1937年夏天的维也纳依然被视为旅游胜地。那年八月的《纽约时报》盛赞了这座城市对游客的好处："奥地利的平静政局在吸引游客方面发挥了一定作用。民众正在确保纳粹示威不会发生。在一些城镇，动荡不安的纳粹青年很快就被市民压制住了。"这表明，德国人对希特勒巩固权力的抵抗有一个此前从未探索过的理由：他会扼杀旅游业！

我在《纽约时报》这条有点可笑的旅行建议上来回逡巡。对索尔而言，一方面，维也纳是一个可靠的选择，可以将儿子送去那里学习语言以及进口火腿奶酪生意；另一方面，我也看到又一位15岁犹太男孩，生活在普拉特这个维也纳著名的游乐园的阴影之下，那里有巨大的摩天轮。那个男孩是我的父亲。

父亲在维也纳的童年经历对我来说一直是个谜。

他和他的直系亲属确实在最后时刻离开了这座城市，最晚离开的是我父亲，他最小。不过这些不是我从他口中听说的，他在我刚满十岁时便去世了。母亲往往用一种童话般的口吻来演绎他的故事，但我还是能从中还原出这次逃亡的原貌：父亲在午夜时分从一个火车站逃离，穿过一片黑森林,直到坠入了"冻水"[1],他在水里游泳,或者说只是简单地在水中漂浮,直到被瑞士士兵解救上来。最后德国吞并了奥地利,父亲被编入维也纳犹太人最好的营地——这一切都发生在"难民"这个词诞生之前。

循着这些回忆,再来设想塞林格登上游轮远涉重洋的那段时间,会让我奇怪地意识到自己是如何练习传记式的凝视的,它像一次斜睨,结合自身境遇来拼接出整个事实。拿我的个人经验做比喻,就像是穿过拥挤的街道去追踪某个嫌疑人,然后在走进一个陌生房间时邂逅了某个旧识。我要跨越75年的距离,向他们两人同时挥手。

维也纳的经历被塞林格写成了一部高度自传性的小说,《我认识的一个女孩》,写于1946—1947年。小说的叙述者,约翰,一个乳臭未干的富家子弟,他挂科退学,被迫面对父母的不同反应:父亲要送他去欧洲学习家族业务;母亲仍在重提那次灾难事件,抵御正从远岸扑向天真儿子的罪恶之风。她为他没去见辅导员而惋惜,"不然要辅导员

---

[1] 如今我们称塞林格那代人为"伟大的一代",可在当时,他们被视为"沉默的族群"。这在欧洲难民身上显得尤为真切,他们回避在家中谈论战时经历的一切,并将这一沉默传给下一代。许多词汇表达都经过剪切,如出土文物般蒙尘且晦暗。"冻水"在我家便是这样的短语,它是如此孤绝,以致所有围绕其上下文展开的叙述都似累赘,而非真相。我追问母亲当时父亲究竟是"掉进"还是"跳进"水里的,她表示"你父亲说是掉水里的"。我问"他看不见吗?","天太黑了"她回。"但是如果他打算游过去的话,为什么会掉进水里?""他很着急,还没来得及细想,一切就已经发生了。"这一刻,我和母亲都明白,一句"他很着急"已经令我们陷入了揣测的迷雾,无从厘清。

有什么用……"她如是抱怨,像一切都是学校的过失。我由此想起塞林格在麦克伯尼就读时的一条档案记录:杰里被一个健身球打到(意思很可能是他自己没有接住球),他母亲塞林格太太则追问:"学校为什么没有监管到位?"

约翰只想对父亲的敕令翻白眼,一想到要为父亲工作,他就恶心得直翻白眼。"当一个熟悉的时刻到来时,我提前做出了脆弱的承诺,这一次我真的要全身心投入,"叙述者说,"可我觉得我的心思根本就不在那上头。"

这应该也是塞林格的真实想法。他知道自己想要什么,但需要时间去理清思路。前往欧洲可以让他争取时间,也是从父亲否定的注视下脱身的大好机会。

13　我认识的一个女孩

赫布·考夫曼,塞林格在福吉谷的一位密友,曾在塞林格家呆满整个秋天,常和他们全家共进晚餐。在观察冷若冰霜的父子关系方面,他坐到了最前排。

"索尔·塞林格对杰罗姆·D·塞林格认定自己可以成为的角色一点也不'感冒',不希望儿子成为一名作家。"[1]

塞林格对父亲的生意全不放心上,作为管理者,他也在业务上表现出了这种态度。在《我认识的一个女孩》中,主人公约翰说自己在他父亲的规划里发生的最大意外是,"我没穿衣服,恰好被他的两位搭档撞见了"。

关于索尔在翠贝卡区哈里森大街从事奶酪贸易的那些

---

[1] "认定自己可以成为"听上去像一枚充满敌意的小手榴弹。两人之间有争吵吗?看起来可能性很大。假使考夫曼和塞林格亲密如故,他便不会与汉密尔顿通信。而塞林格在1946年至1954年写给伊丽莎白·默里的信中提到考夫曼三次,每次都以典型的塞林格风格表达了他对考夫曼是如何由失望转为蔑视的,这一过程并非发生在一夜之间,而是慢慢沉淀的结果。塞林格曾在麦迪逊大街撞见没戴帽子的考夫曼,两人只是客气寒暄了几句。考夫曼的颓废让塞林格意识到曾经的老友已经落魄,他深感失望,不再转身回望,即便老友活生生地站在面前。

同行，汉密尔顿写道："他们多半是意大利人，散发着强烈的罗马式审美，看上去是一群安托利尼先生。"

这个名字似一记响雷——安托利尼先生，霍尔顿曾经的老师，住在萨顿酒店，曾让他在沙发上留宿。霍尔顿清晨醒来，发现安托利尼先生正轻抚着自己的脑袋。如果这不算调戏，便是亲昵了，兴许也是《麦田里的守望者》全书中最诡异的场景。

"对所有男人来说，总会有那么一座城市，出现一个占据他全部心思的女孩，无一例外。无论他们是否相熟。女孩就在那里，她是整座城市的意义所在，就是这样。"

在《我认识的一个女孩》中，那个维也纳女孩名叫莉娅，是约翰寄宿的那户人家的漂亮女儿。"我以一种美妙的方式邂逅了莉娅，"他说，两个年轻人坐在约翰的房间里，一边聆听两张唱片，一边练习着各自的第二语言，言谈间暗含着某种滑稽的忠贞，以及由这层关系蒸腾起的羞涩：

> "你今天去看电影了吗？（原文为德文：Uh, Waren Sie heute in der Kino?）"我最喜欢问这个问题。莉娅一周有五天要在她父亲的化妆品厂工作。
>
> "没有。我今天要为父辛[1]工作。"
>
> "噢，对对。那儿还不错吧？（原文为德文：dass ist recht！

---

[1] 莉娅英语发音不标准，把"父亲（father）"读成了"父辛（fahzzer）"。（编者注）

Uh. *Ist es schoˇn dort？）*"

"没意思。就是个大型建筑工地，很多工人，在里面跑来跑去的。"

"嗨，那可太糟了（原文为德文：*Dass ist schlecht.*）。"

还有一回，约翰遭遇了一次很刺激的邂逅，他在电影院大厅撞见了莉娅的未婚夫。这一幕在《麦田里的守望者》中也似曾相识。再往前追溯，类似情节首次出现在塞林格1941年的小说《冲出麦迪逊的轻度反叛》中——霍尔顿和萨莉·海耶斯站在影院门口，同一群他眼中的伪君子谈论着一部戏和里面的演员。对此，我的想法是，要么塞林格非常喜欢影院大厅这一场景；要么比起现在，过去的人们愿意花更多时间在影院社交上。

离开维也纳之前，约翰留下另一句肺腑之言："你不可能揣着一把什么都开不了的钥匙就心安理得地往前走。"

战争结束多年后，约翰回到了施蒂费尔大街18号，同一个冷漠的军官长时间对峙。对方正"坐在一楼的军用桌前修剪指甲"，不让他上楼。可恶的官僚是军队里真正的敌人。当约翰穿过这幢鬼屋，试图在老起居室里追寻昔日痕迹时，莉娅的命运正悬而未决。

14 培根王

波兰中北部的彼得哥什镇,一家红砖砌成的购物中心旁,挂有一块 J·D·塞林格的肖像板。当地粉丝协会本来打算雕一尊塞林格等身像——当然是放在麦田里——但他们把钱用完了,最终是这家购物中心的老板支付了制作肖像板的全部费用,该购物中心前身是一家屠宰场。

塞林格离开维也纳后,来到的就是这座波兰小城,索尔从波兰培根王奥斯卡尔·罗宾逊那里为儿子谋了一份差事。可是半途出了岔子,原因吊诡又搞笑:索尔刚把这事打点停当,就在等候塞林格到岗的这段时间里,罗宾逊猝死在维也纳一家赌场里。当然,工作还得继续,这份工作牵涉到一个关键词"火腿",如果那些腿是活的话,你就会用到"猪"这个字眼。

有段时间,塞林格会在拂晓前出现在屠宰场。领班,也就是塞林格的师父兼顶头上司,因喜欢折磨牲畜而臭名昭著。他四处暴走,往那些行将就戮的猪群上方的灯泡放上一枪。枪声令塞林格痛苦又厌恶不堪，玻璃碎片从狂乱的动物头顶如撒花般落下。从动作到结果的逻辑来看，没有比这更好的预警了。

"有那么一阵，塞林格会和一个伙计在凌晨四点出门，做猪的交易，"威廉·麦斯威尔，一位《纽约客》的朋友，后来在《麦田里的守望者》出版前的推荐文章里回顾了这段日子。我对威廉·麦斯威尔毕恭毕敬，但是必须指出他过于彬彬有礼了。塞林格，当然不是嗜杀者，他的形象更接近于自己笔下的短篇小说《一星期一次不会杀死你》里的作者注释，这篇小说1944年刊登于《小说》杂志："我可能会去波兰做火腿生意，他们最后把我拽去彼得哥什数月，我在那里屠宰生猪，和大师傅们乘着运货马车穿过雪地。"

15 八年级"文学加农炮"

我知道 J·D·塞林格这个名字,是通过拉里·科兰老师,他为人坚定而热情,给出的教学大纲包括了我称之为为八年级"文学加农炮"的一些作品:《独自和解》、《杀死一只知更鸟》、《1984》、《动物农庄》,以及《蝇王》。科兰先生要么是不知情,要么是怕联盟会玷污他心目中的英雄,让《在路上》的作者成了我们学校的宿敌。学校当时的气氛就是那样,几年后我退学了。

科兰先生留着大胡子,肩膀宽厚,身材矮壮,嗜好咖啡和香烟。我至今记得他沿着走廊下楼,胸前端着一杯热咖啡的样子:小心翼翼,步履维艰,全身心聚焦在咖啡上,好像手里握着一枚炸弹。他一谈起书本,便生死攸关了。离开教室的他几乎等同于"一场事故",暴烈加身。有一次课上,他告诉我们周末打橄榄球时撞掉一颗牙,"我盯着球看,撞到我的那家伙也盯着球看。"那一刻意味深长。

大约 25 年后,我再度拜访了科兰先生。

他音容未改，仍留着林肯式的大胡子，健硕有力，随时能摧毁一切的样子。墙上挂着一张他的黑白相片，颇有腔调。照片里，科兰先生脸上带着浅浅的微笑，黝黑的双眸直视镜头。

眼前的科兰先生像是某个藏身于地下室的陀思妥耶夫斯基式的人物，给人留下强烈印象。他提到自己为学校投入的热情，如何以最大的透明度与家长沟通，让他们了解课上发生了些什么，课外作业又是哪些——所有信息其实都可以在网上找到——以及他又是如何跟家长们斗智斗勇的。然而，这似乎是一场他致力于奉献却注定会失败的战斗。我在他身上体会到一丝陈旧的热情，就好像《笑面人》中孩子们对酋长的敬意，他就是那个愿意为你而战的人。

我不记得那天我们谈论《麦田里的守望者》的那些细节了。关于八年级学习生涯的突出记忆，除了科兰先生本人，便是围绕《在路上》的文学讨论。当时，他让我们阐述这本书如何写就。我举了手。"就像，"刚开口思绪便荡然无存，我不由得重重敲了下桌子，继续支支吾吾。悲伤席卷而来，那会儿我以为自己有话要说。

"就是这样，"科兰先生说。"再做一次！"

"做什么？"

"敲桌子。"

我照办了。

"正是如此！"

我坐在一台嗡嗡作响的 IBM 电动打字机前，落笔，或者说尝试为科兰先生写出我的处女作。球形字锤大力击打着纸面，以至于敲出一个字母就像是制造一记枪击，打完一句话等于一梭子机枪扫射。和科兰先生并肩的那段经历给我造成一系列冲击，甚至延伸到我的阅读清单。如今回想起那些书本间的隐约呼应，仍深感奇妙莫名：《独自和解》的预科学校氛围读来和《麦田里的守望者》是何其相似，只不过前者书写的是友谊。而霍尔顿没有什么真正意义上的朋友，即便有，他们也帮不上什么忙，即便有心帮忙，他们也不会有任何动作[1]。霍尔顿身在别处，与自己为伴。

在我拜访科兰先生的几年后，一位女士联系了我，自称是科兰先生的姐姐。我们相谈甚欢，可当我让她代为问候科兰先生时，她脸色大变。事后我花了很长时间来抓住这表情背后的含义。

"你不知道吗？"

原来科兰先生自杀了。谢天谢地，她没有说是怎么自杀的。

"我很抱歉。"她说。

"我很抱歉。"我说。

"我很抱歉告诉你这些。"

---

[1]《麦田里的守望者》中我最喜欢的一场对话——当阿克利强调自己刷了牙时，霍尔顿回答："不，你没有"，"我见识过了，你不刷牙。"

"你还能如何告诉我呢?"

我们站在那里,彼此安慰了一会儿。我回想起有一次上课捣蛋,将手表反射出的一小束光,颤巍巍地打到科兰先生背上,还不时让光束从他身上滑下,落在他正在书写的黑板板书上。不一会儿,科兰先生背着身呵斥道:"别闹,贝勒!"我照办了。可不知怎的,他如此确定是我在捣鬼,我将其视作一种恭维。

16 马纳斯宽的缪斯

1938年夏天,比尔·费森,塞林格在福吉谷的朋友,将他带到自己姐姐在泽西海岸布里勒的住处。在那里,塞林格遇见了整个作家生涯中最为重要的人物之一,伊丽莎白·默里。

我们会在学校以外的很多地方遇到良师益友,随时受教,有时甚至触及一些情感问题。很多老师并非教育家,他们是朋友,也是同一项目的共事者。如果你在项目中恰巧扮演了年轻学生的角色,那么这个项目指的就是你。

这就是塞林格和伊丽莎白·默里之间的动力。她年长他两倍,通晓文学,似乎很乐意与这位和她儿子同岁的年轻男性为友。

默里是一个活泼而有魅力的女人,独自生活在泽西海岸上游的城镇,朋友圈很广,其中就有和尤金·奥尼尔[1]一起抚养女儿乌娜的阿格尼丝·奥尼尔。她不是艺术家,

---

[1] 尤金·奥尼尔(Eugene O'Neill):美国著名剧作家,诺贝尔文学奖获得者。(编者注)

却熟晓艺术世界。她凭借自己的才智扛过了几次重大挫折，并保全了自己的家庭。

我不禁把她看作菲兹杰拉德笔下的人物，气质介于《人间天堂》的欢快和《夜色温柔》的忧郁疼痛之间。默里本应跻身于她那一代著名的青年偶像行列，她们是曾启发过菲兹杰拉德决意投入文学事业的人。1938年见面后不久，正是默里鼓励塞林格去读了F·斯科特·菲兹杰拉德。

被一种恩惠的情欲所控制的友谊，常常出现在舞者、画家、音乐家之中，运动员更是如此。这可能就是为什么教练会显得如此粗鲁和讨厌的原因了——一切行为总能被合理化为一种激励运动员的方式，同时消除那种可能被误解为温柔的错觉。

这些仁慈的导师们动机善良，但同时，一种隐秘的需求和用心——本质上关乎情欲或浪漫——也无庸置疑的存在，即使它们从未显山露水，或只是下意识的[1]闪念。

遇见塞林格时，默里刚从一场婚姻僵局中恢复过来。首先是最悲惨的一幕，发生于19年前，默里的丈夫死于一场例行飞行训练，当时她有了身孕，并已育有一子，约翰。她后来与一个看上去流氓兮兮的男人订了婚，这人生活在巴哈马，给了默里一枚镶了大钻石的订婚戒指。女方家人

---

[1] 我曾遇到过这样的人，一个可爱又有点陌生的男子，常常来看我的大学篮球赛，并坐在我母亲身旁。虽然有点纳闷这人是谁，但母亲总为有这样的陪伴而感到快乐。在位于西63大街麦克伯尼基督教青年会的篮球场上，我遇见了他，或者说他遇见了我，当时他正对场上的投篮动作贡献自己的建议。

从来不知道他是做什么的,而默里在最后一刻取消了婚礼。未婚夫让她收着戒指留作纪念,不怀任何恶意。

默里后来嫁给了艾迪·默里,一个苏格兰人。他们搬回苏格兰住,生了一个女儿,格洛丽亚[1]——塞林格在超过20年的信件来往中曾满含喜爱地问候过她。这场婚姻并不长久,艾迪酗酒,伊丽莎白搬回了新泽西。

杰里·塞林格遇见默里时,她和女儿住在布里勒的大房子里,距离马纳斯宽4个街区,距离海边有1英里。默里有表亲生活在斯塔顿岛,她时常上岛探望他们。有时她会从那游荡到格林威治村,和年轻的朋友及有志向的作家一起在咖啡厅里闲混。塞林格会为她朗读自己正在写的小说。他们谈论文学,自然也会谈到塞林格光明的文学未来。

在给默里的信中,塞林格分享近况,表达问候,相互分享友谊。更多时候,他都在报告两人在共同目标上取得的进步——塞林格成功地成为了一名作家。

---

[1] 当默里卖掉手上收藏的塞林格信件时,她很清楚这是严重的背叛。她的家人至今仍得心思复杂地解决这个历史问题。默里的曾孙女萨拉·诺里斯出版过一份有趣的报告,介绍了这家人出售信件的细节——最关键的一点在于伊丽莎白用这笔收入将格洛丽亚送进了大学。她有两个选择,要么卖信,要么卖掉那流氓送的钻石戒指,但无疑塞林格的信更值钱。格洛丽亚后来把戒指也卖了用来购房。

17　1938："年轻人重返大学"

> 曾经，有一位年轻人，他厌倦了留小胡子。这个年轻人不愿意为自己的家族工作，或是为其他不理智的人工作。所以这个年轻人重新回到了大学。
>
> ——J. D. S.，《乌尔辛纳斯周报》，1938 年 10 月 10 日

1938 年 3 月，塞林格从欧洲回到公园大道 1133 号的家中。要说欧洲经历没有激发塞林格对父亲产业的兴趣可能过于一厢情愿了，但也很难想象他比离开时表现出更多的热情。

在拿不准接下来要做什么的情况下，塞林格和很多年轻人一样回到了学校：乌尔辛纳斯学院，费城郊外一所小规模的文理学院，1869 年由德国改革派教会成立，王牌专业包括法律预科、医学、化学。大多数学生都是本地人，勤奋刻苦，希望走在校园里擦身而过时能够被报以微笑。

关于塞林格是如何结束在那儿的学习生涯的最豁达的解释是，附近福吉谷军事学院的贝克上校可能发挥了

一些作用。最不豁达、全凭臆测的解释是，索尔跟过去一样，始终紧盯着儿子一头扎进去的新地方。在那里塞林格表现得像一个彻头彻尾的犹太纽约客，温文尔雅又喜怒无常。

伊恩·汉密尔顿，那封不请自来的推销信背后的主人，勤奋地写信联系塞林格在乌尔辛纳斯的同学，不少人回了信。面对一个未完成的故事，他们的回复充斥着饶有兴致的紧张感。彼时塞林格业已出名三十多年，很久没有新作，几乎销声匿迹。但他的传说尚未结束，只是陷入了停滞。同学们的证言既包括歌功颂德式的喜爱，也自带一种愠怒：一个不讨喜的异类，好歹应该凭借自己的成功，为母校发点声音。

"这所基础文理院校教育质量上乘，规模小，师生关系紧密，"一位同学写道。"但也'不一定'，这'不一定'指的是杰里·塞林格。"

另一位同学回忆道："尽管我们在一些场合有过交流，但我不记得杰里·塞林格为什么要来这样一所学校。我明显觉得他不快乐，一副意兴阑珊的样子。"

还有同学写道："杰里来自纽约，对学院和这里的学生不屑一顾。他心怀不满，从不微笑，不问候，也不主动示好。他态度恶劣，言辞，如果能有只言片语的话，一定是尖酸刻薄。"

伊恩·汉密尔顿将所有来信并到一组注解里，虽然不分男女，不过并不难猜。

"杰里·塞林格身材高挑,黑头发,黑眼睛,"一位同学写道,"他的皮肤呈橄榄色,手指修长而敏感,指甲被咬得很短,有烟渍。他不怎么笑,但一笑起来就显得非常调皮。"

另一位则说:"1938年,在塞林格身穿天鹅绒领黑色切斯菲尔德大衣闯进校园之前,我们从未见识过像他这样的纽约客——相貌英俊、文质彬彬、久经世故。我们为他尖锐带刺的态度深深着迷,他发表在周刊上的作品令人捧腹,总能戏谑着击中要害。"

"高挑,黝黑,俊朗,杰里的帅气外表令女孩们印象深刻,我们着迷于他的纽约背景和世故。当然,校园里也有其他帅哥,我嫁给了其中的一个。不过杰里与众不同,是一个独来独往的人,一位批评家,不合群。意外的是,男生们对塞林格印象不深,或者干脆不买他的账。当我问丈夫对乌尔辛纳斯如何成名有何感想时,他的态度可不怎么样。塞林格宣称自己的毕生目标就是成为一位名作家,总有一天会写出伟大的美国小说。杰里和我成为了特殊的好友,因为我是唯一一个相信他会成功的人,对此我非常确信。他觉得乌尔辛纳斯的英语教授们对他如何书写'i'和't'的兴趣要远胜于帮助他的文学发展。"

最后一个注解的名字叫弗朗西斯·蒂尔洛夫,她后来嫁给了一个名为格拉斯莫耶(glassmoyer)的男人。塞林格写信给弗朗西斯,说格拉斯莫耶是他听过最好笑的名字。"他答应写一本关于我的书，"她写道，"虽然我得声明自己和弗兰妮·格拉斯毫无相似之处，但这个名字看起来确实很巧合。"

塞林格和同学的隔膜甚至延伸到他的住处，而且听起来有点离奇。

"我当时住在一个叫弗里兰堂的地方，"一位同学写道，"那是一幢古老的建筑，厨房及饭厅位于地下室和一楼，二、三楼是宿舍。我相信，阁楼或钟塔那里的一间小屋便是J·D·塞林格独居的地方。在我的回忆里，他似乎就是撞钟人。"

新生宿舍你别无选择，就像出生家庭你别无选择一样，尽管青春期转型会交杂一些自我主张并起点作用，但仍旧是别人替你做主一切的青春，你别无选择。

1930年代，硬汉侦探小说异峰突起，呈一时之盛。"谋杀小报的诗人，"埃德蒙·威尔逊[1]这样称呼这类作品。正如莫里斯·迪克斯坦[2]在著作《黑暗中起舞》中对1930年代美国文化史展开的观察所示，在经济大萧条早期，"个人通常以受害者形象出现，代表电影有《亡命者》；或是咄咄逼人的孤家寡人，常出现在1930年至1932年的经典警匪片，或达希尔·哈米特的硬汉小说里，如《血腥的收

---

[1] 埃德蒙·威尔逊（Edmund Wilson）：美国著名评论家、作家。曾任美国《名利场》和《新共和》杂志编辑、《纽约客》评论主笔。（编者注）
[2] 莫里斯·迪克斯坦（Morris Dickstein）：美国20世纪著名文学研究者、文化历史学家、书评人、公共知识分子。著有《伊甸园之门》、《途中的镜子》、《黑暗中起舞》等。（编者注）

获》、《马耳他之鹰》、《玻璃钥匙》。"

这种存在主义的写作风格融合了高度的实用主义,因为这些书毕竟是拿来销售的。塞林格充分领悟这一点,他后来卖给通俗杂志的小说(《科利尔》、《星期六晚邮报》、《好管家》)一方面让他变得"专业",成为志向高远的艺术家,另一方面也帮助他赚到了钱。塞林格一并实现了两大写作愿望。

塞林格在乌尔辛纳斯只待了9周,但这一时期对他的文学生涯有着重要影响:他为校报撰写了一个专栏,名为"大二学生的冥想:跳过文凭",1938年10月10日首次见刊,一共写了9期。该专栏充斥着《纽约客》风格的文字,古怪而疯狂,幼稚欢快且倨傲,不时闪现出塞林格顽皮而又喜欢使坏的幽默个性。

比如:

信:

亲爱的母亲大人——你和我爸应该是把我养砸了。我既没有天生的金嗓复刻一曲"跳起比根舞"[1],也注定缺少乔·奥格尔·墨菲那样激情洋溢的小号天赋。长话短说,你们儿子的大学生活实在不怎么样——你忧愁的菲比·福罗什

---

[1] 跳起比根舞(Begin The Beguine):百老汇歌舞剧《狂欢节》(Jubilee)主题曲,1935年首演,科尔·波特作品,1930年代美国金曲。(编者注)

失恋：

问题——我和一个思路不清的男孩交往，上周三晚上我拒绝向他献出睡前吻，他突然就暴走了，几乎惊声尖叫了十分钟，然后突然一拳抡到我嘴上。可，他居然还说他爱我，你要我怎么想？？？？

回答——记住，亲爱滴。人无完人，爱情本来就奇怪又美好，热恋让人艳羡。关键是，你试着吻他了吗？

校园：

全都是错误。他们是校友。他们从未去过火星。

备忘录：

只有69个购物日了。今年下手要趁早。

还有10月10日专栏上的词条：

见解：

这关系到……

男人们烦我；

女人们恨我；

孩子们为难我；

社会招人讨厌……

这些只言片语揭示了塞林格的心境,也毫无疑问地展示了他的文学影响及风格。人们可以从中辨别出多萝西·帕克[1]的名诗"简历"中的韵律和情绪,这首诗的结尾是这样的:

> 枪支不合法;
>
> 绞索不太牢;
>
> 瓦斯气味差;
>
> 你还是活着好。

帕克是阿尔冈昆圆桌俱乐部的一员,俱乐部集中了一群《纽约客》精英,包括罗伯特·舍伍德、亚历山大·伍尔科特、罗伯特·本奇利[2]。早在福吉谷时期,塞林格就将本奇利视作偶像。所有这些人物都将陆续出现在杂志上,从某种角度而言,并非《纽约客》造就了他们,而是他们造就了《纽约客》。

---

[1] 多萝西·帕克(Dorothy Parker):美国诗人、批评家、短篇小说家。才思敏捷,以妙语连珠尖酸刻薄见长。代表作有诗歌《足够长的绳索》。(编者注)

[2] 罗伯特·舍伍德(Robert Sherwood):美国剧作家;亚历山大·伍尔科特(Alexander Woollcott):美国记者、评论家、演员;罗伯特·本奇利(Robert Benchley):美国幽默作家。三者皆为阿尔冈昆圆桌俱乐部的中坚力量。(编者注)

18 《纽约客》

我不想听。

——哈罗德·罗斯

哈罗德·罗斯[1]创办《纽约客》并担任了27年的主编。塞林格就是在他任上首次亮相《纽约客》,但罗斯对塞林格的深刻影响则远在此之前。

罗斯1892年生于科罗拉多的阿斯彭。父亲是个杂货商,在镇上的支柱产业银矿崩盘后,举家搬到了盐湖城。父亲勉力维持着全家的生计,罗斯则热衷于高中的校报工作,同时给《盐湖城论坛报》做自由撰稿人,当时他还没上高中。13岁时,罗斯离家出走,一路奔向丹佛,在那里为《丹佛邮报》工作。最后他回到了盐湖城,但没再回学校,而是在当地一家报社供职,并很快从一座城市搬到另一座城市,从一

---

1 哈罗德·罗斯(Harold Ross):《纽约客》杂志创办人。(编者注)

家报社跳槽到另一家报社，足迹遍布美国西部，跳槽频率之高以至于朋友们戏称他为"流浪者"（Hobo）。尽管行踪不定，罗斯的职业目标却无比清晰：一位新闻工作者。他的朋友赫伯特·阿斯伯瑞，《纽约黑帮》的作者，这样缅怀他："罗斯不仅懂新闻，还能写新闻。"

这个流浪者最终在 1925 年创办了《纽约客》，他的传记被恰如其分地命名为《假面天才》。

《纽约客》首先也首要的是一本幽默的杂志。一个自学成才的乡巴佬管理着美国最成熟精致的杂志，这听上去相当荒谬，但这样的荒谬正是这本杂志所以幽默的关键所在。正如威尔弗里德·希德[1]所说："美国人胡说八道式的机智。"确切地说，这种幽默不是玩笑，不能拆开，也不能送走，它是一种声音。罗斯能听到他脑子里的这种声音，努力想把它做进他的杂志里去。创刊头几年，罗斯一直在疯狂寻找能演奏这首曲子的作家。最终，他在 E·B·怀特和詹姆斯·瑟伯身上找到了，事情就从那里开始发展。

但罗斯从不知满足，继续焦躁不安地找人加入他的管弦乐队伴奏，并对其音色进行微调，让其融为乐队的一部分。他的杂志开创了一种艺术，即在服务中产阶级的同时又对他们的自以为是加以嘲讽。这种类似的顺势疗法，让

---

[1] 威尔弗里德·希德（Wilfrid Sheed）：美国小说家、散文家。（编者注）

《麦田里的守望者》成为青少年社交的流行工具[1]。

罗斯的署名从未在《纽约客》出现过,不过其他人也几乎都没有署名。令人惊讶的是,在这本杂志的头十年里,署名文章如此之少,而真正出现在杂志上的署名文章又如此低调,但他那响亮而嘶哑的声音已渗透到每一个音节和每一幅插画之中。他可能是唯一一个以页边空白处著称的编辑,他经常在页边空白处对文中的事实和虚构部分提出质疑:"那是谁?"

罗斯对塞林格有着直接的影响。凯瑟琳·怀特、威廉·麦斯威尔、古斯塔夫·洛布拉诺、威廉·肖恩,这些罗斯麾下的优秀编辑们先后成为塞林格小说的责编。他在1941年批准购买塞林格的第一篇小说《冲出麦迪逊的轻度反叛》。珍珠港遇袭后,又是他在最后一刻决定将其延后发行,并于1946年重新出版。1948年1月,罗斯决定在《纽约客》刊登《逮香蕉鱼的最佳日子》。

1950年,罗斯和塞林格出席了在丽思卡尔顿酒店举办的杂志创刊25周年庆。丽思卡尔顿酒店灯火辉煌,被香槟酒浸透,盛况远超所有人的预期。塞林格当时住在纽约自

---

[1] 这种影响是显而易见的,正如《纽约客》主笔、普利策奖获得者路易斯·梅南德尖锐指出的那样:"《麦田里的守望者》引人同情,主人公拒绝被社会化,却反而成了衡量社会化的标准。当年是父母推荐我读这本书的,他们要是也把我想成那样——逃学,老烟枪,在酒吧里谎报年龄,上街找应召女郎,满嘴脏话——用小说里的话来形容可真要气到血槽清空了。但不知怎的,我父母并不担心霍尔顿的故事会对我造成什么坏影响。"

己的公寓里，用罗杰·安吉尔的话来说，他是"明星"。

1951年，罗斯住院了，塞林格写过一封温暖的问候信，祝他早日康复，并分享了自己的近况，然后附上他特有的笨拙落款——"奉献的"塞林格。

罗斯出院后给塞林格写了封信，邀请他去乡下的房子。"你不妨春天来……如果想提早，也请通知我，我的住所冬天也对大家开放。"但罗斯没能撑过那个冬天。

哈罗德·罗斯像是位族长，塞林格很乐意被他所代表的家族接纳。塞林格的父亲对他的作品无疑也有过点评，但索尔的否定是从实用主义出发的，所谓"职业前景"，而非文学范畴。所以"代理父亲"对塞林格写作的支持显得格外重要。略显讽刺是，几乎可以肯定，两人在追求事业的过程中，都把与父亲保持距离作为首要和必不可少的选择。

要理解罗斯对于塞林格的意义，不能只关注塞林格为《纽约客》撰稿的时期。罗斯对塞林格直接又非凡的影响，在后者第一次读到这本杂志时就发生了。塞林格是随《纽约客》成长起来的第一代，《纽约客》是他们家里的一部分。塞林格的邮件往往没有落款，只有"公园大道1133号，纽约，纽约"，分两行，淡淡的灰蓝色字体，让人不禁联想到《纽约客》。其实早在福吉谷时期，塞林格就奉《纽约客》撰稿人罗伯特·本奇利和沃尔科特·吉布斯为典范，他的《乌尔辛纳斯周报》专栏直接借鉴了《纽约客》笔记和评论部分的形式和语气。无法确定塞林格一家是在1932年搬到公园大道之前还是之后订阅的《纽约客》，但可以确定的是，哈罗德·罗斯用其不绝的能量完善起来的《纽约客》，在二十世纪三四十年代帮助了塞林格的成长，发展出特有的美式幽默。值得注意的是，这种微妙幽默模式的最后实践者之一，S·J·佩雷尔曼，与隐居在康沃尔的塞林格始终保持着密友关系。

1959年，詹姆斯·瑟伯出版了《和罗斯在一起的岁月》一书，在《纽约客》杂志社引发轩然大波，一些成员认为罗斯遭到了他最宠爱的儿子的背叛和轻慢。塞林格从康沃尔驱车赶往塞缪尔·贝尔曼位于88街和麦迪逊大街交汇处的公寓，包括威廉·肖恩在内的同僚都表达了对瑟伯的愤怒，并制定应对方案。贝尔曼后来表示，这群人中最沮丧的就数最年轻的塞林格了。

塞林格写了一篇长达三十页的文章为罗斯辩护。有记录显示，1960年塞林格将文章分别投给了《党派评论》和《星期六评论》，但这两家都未予刊登，原稿也丢失不见了。

"罗斯执着于庞大而昂贵的事实和数据，"瑟伯在《与罗斯共度的岁月》中写道，"他不喜欢赤裸裸的事实陈述，他想让它们有喜剧相伴，让你打开笑的包装后，才发现一个事实，反过来也一样。"

瑟伯的过人之处在于，他的散文和漫画总是把男人描绘成不幸、受挫、可怜的人，尤其是在他们与女人的关系，甚至与妻子的关系上。他对美国文化最持久的贡献是《沃尔特·米蒂的秘密生活》。从某种程度来说，瑟伯用《和罗斯在一起的岁月》这本书，让罗斯当上了瑟伯漫画里的主角。动手这本书时，瑟伯已经为罗斯工作了三十多年，两人关系之复杂足以写出多部剧集，其中涉及了阴谋和金钱的种种不堪。瑟伯笔下的罗斯，焦虑、昏庸、沮丧、怕失控。瑟伯将所有这些不安情绪描述为罗斯天赋的一部分，虽然有些夸大，却也离事实不远。书中有段描述特别引起我的注意：

> "'这个国家的男人不成熟，瑟伯，'（罗斯）说，'他们仍然是孩子。我 25 岁在《星条旗报》做编辑时，你要知道，大多数二十多岁的男人还不知道何去何从……'他走向桌子后的窗边，郁郁寡欢地望向街道，将一侧裤袋里的硬币弄得叮当作响。"

根据瑟伯的说法，罗斯习惯在口袋里放上 5 美元的零钱，焦虑又迷茫地盯着窗外，两手在裤兜中神经质地搅动，如果你读过塞林格的作品，对这样的人物不会陌生：他们总为工作发愁，下意识地咬着手指。瑟伯白描的这幅罗斯画像，散发出一个谋生者的喜剧式紧张，也好似一击电流，贯穿了塞林格的所有作品：霍尔顿对于周围人"衣着边幅"的观察；《年轻人》、《就在跟爱斯基摩人开战之前》、《一个男孩在法国》中受伤的手指;埃斯米测试发梢是否干枯的方式;祖伊的沐浴仪式;以及每个人手中的香烟。

大萧条,是杂志尤其是短篇小说家的平静期。到了1933年12月5日,也就是废除禁酒令的当天,《时尚先生》创刊了。这本杂志在第一年的每期封面上都登上了贡献者的名字,其中小说作者最为亮眼。其中有一个名字几乎每期出现,那就是F·S·菲茨杰拉德。

1930年代是美国短篇小说的黄金十年,不仅是艺术意义上,也是一种全新的商业主张:一篇短篇佳作最高可以拿到相当于现在35 000美金的酬劳,《时尚先生》、《纽约客》的稿费没那么高,但也不低于行价。

《时尚先生》的风格和设计是无所顾忌、阳刚和挑动性的。《纽约客》则持不同的态度。首先,它在某种程度上有点女性化,语气和语调更温和,渴望一种成熟和文雅的模式。它没有把大萧条当作一个存在主义的问题。它的基调是一种荒诞的幽默,一种塞林格从小就想演奏的音乐。

19 罗杰·安吉尔

塞林格有一种神奇的能力,让故事迅速展开。这是一种天赋,从一开始就很明显,而一旦转入下一个故事环节,会更犀利和紧凑,《逮香蕉鱼的最佳日子》和《九故事》的其他短篇都体现了这一点。《九故事》中有七篇刊登在《纽约客》上,在这些故事里有一种气味,一种引信的气味,一种开枪的气味,一种烧焦的气味;被刷子刷过后有所遗漏的气味。我认为这是非常好的编辑的气味。

"可以嗅出编辑的刀斧之气"听上去很荒谬,可当我有一次走进罗杰·安吉尔的办公室时,不禁脱口而出:"这里闻起来跟我上次来时一模一样",要知道那会儿《纽约客》刚搬过家。

"闻起来味道怎样?"他问。

"像一只用旧的棒球手套,"我说,"或者一匹马。"

罗杰沉默良久,我并没意识到自己已经失礼,直到他咕哝了一句:"也许是我吧。"我猛然反应过来,可为时已晚。那是1993年1月。我上一次出现在他办公室得再往前推三年，当时我们肩并肩讨论我的一部短篇小说，他表示只需"微调"一下即可。那是12月一个寒冷彻骨的早晨，他来会客室接我时大喊："你应该穿一件外套的。"

在他的办公室，罗杰带我简要参观了一下那些镶在镜框里的照片。我明白，这部分是历史课，部分是家庭相册：安·比蒂和《纽约客》编辑奇谱·麦克格拉斯的合影；罗杰的儿子，没比我年轻多少；还有一位年迈而古板的老人，面带微笑，眯着眼睛，系一条领带。"V·S·普里切特，"罗杰说，"才停笔，92岁了，说自己干不动了。"

他叫我把椅子拉到他旁边，这样可以一起在他的书桌上看手稿。那是我熟悉的点阵式打印稿，几乎每一行都有他用铅笔做的批注。在第三页，我终于对一个特殊的编辑提出了质疑，插入或删除了一个逗号，他说："好的。"

"好的？真的吗？"

"这是你的小说。"

"哈，那样的话，我们能从头再来一遍？"

罗杰·安吉尔是《纽约客》的传奇，当然为人热情、招人喜欢肯定不在其列。我第一次见到他时，他已经72岁，全公司的人都知道他能从一个位置立定跳上桌子。没人告诉我这是否因为罗杰一贯崇尚运动，还是他只是单纯喜欢这么干，我并不拒绝后一种说法。

如今，他93岁了，作为小说编辑，他的退稿信是如此巧妙、深刻和具有毁灭性，称其达到收藏级别也不为过。他定期为杂志（和博客）服务、投稿了60年，时间可以追溯到1940年代末。

大约一年前，我在《纽约客》的办公室录制播客。结束后我被带到罗杰的办公室，我本打算和他打个招呼，但他不在那里。灯一直开着，没人知道他是刚走，还是今天出去了。好像有什么急事匆匆离开了。

这么长时间以来，我一直不愿与他沟通，也不愿寄东西给他。我一直很谨慎。是害羞还是害怕失望，让你对那些慷慨解囊的人（尤其是编辑们）保持沉默？最后我想进来打个招呼，体面一点。但我来晚了吗？一出情节剧出现在我脑子里。

那是一个寒冷的冬天，我企图走进罗杰的办公室和他聊聊塞林格。那间空荡荡的办公室令人心酸，他在时更是如此。罗杰仍拥有它。这次他又带我参观了一次摄影：一张威廉·特雷弗的照片，罗杰说他要写一个故事，我猜应该是他做的责编。在高过人头的位置，也就是高尔夫挥杆动作的制高点位置，挂着一张精美的约翰·厄普代克的黑白侧面照。

"厄普代克的高尔夫挥杆动作堪称完美，完美。"罗杰咕哝道。说到高尔夫主题，不由让人想起厄普代克不讨喜的一面，那种自鸣得意且充满圣徒意味的完满感，难掩其沉闷和保守。我首次对高尔夫比赛产生好感，是读到罗杰写的《让我说完》中的一篇散文。在这篇散文中,他回忆了自己年轻时的某个早晨,在年轻女孩的陪伴下"偷"到一场球可打,但不知何故女孩在球场上弄丢了订婚戒指,他费尽心思帮她找了回来。

"那是什么?"我指着一张贴在窗户上的大照片问道,这张照片挡去了窗外42街的那栋办公大楼一角。"它看着很眼熟。"

"这是从我以前的办公室看到的景色,"罗杰说。"我更喜欢它。"

我凑近图片仔细看了起来,找到了布赖恩特公园和后面的纽约公共图书馆,就像从他的旧办公室望出去的那样。那里位于新办公室的东面,离我们现在坐着的地方有一个半街区远。

罗杰把腿搁在椅子上。我们讨论了《纽约客》和其他康泰纳仕集团旗下的杂志几年后将搬到巴特里城市公园附近的新址办公。"我想我不会这么做。"他说,"对所有来自布鲁克林的人来说是好事,但它离我住的地方太远了。"

他住在上东区,离他小时候的地方只有几个街区。这两个住处距离公园大道1133号也都只有几个街区。我们谈了一会儿塞林格。当我们准备像毛头小伙那样找个地方抽烟时,我有了一个疑问,塞林格会选哪条路——是上行去到麦迪逊大街还是下行至列克星敦市?罗杰曾就这个问题展开过研究,他更倾向塞林格选择的是上行至麦迪逊大街。

1950年，罗杰和塞林格都参加了《纽约客》杂志创刊25周年庆，"他是到场的作家之一，"罗杰回忆，"毫无疑问，他是明星，但并没制造出什么庄严神秘的气氛。"

很多卓越的文学名人在我眼前掠过：以哈罗德·罗斯为首，E·B·怀特、詹姆斯·瑟伯；当红作家如A·J·雷伯林、约瑟夫·米切尔；以及那些尚且默默无闻的记者，圣·克莱尔·马克威、杰弗里·赫尔曼、乔尔·赛尔、珍妮特·弗兰纳、约翰·麦克纳尔蒂，他们最终会因为在《纽约客》的工作成就建立起各自的文学地位。剩下的能人，像多萝西·帕克、沃尔科特·吉布斯等等，应该也都在场吧。那绝对是一场盛大的嘉年华。

周年庆流动的人群中有凯瑟琳·怀特，她是《纽约客》1925年聘请的第一位小说编辑。"她精通《圣经》、文学和多门外语，而且有品位。"和瑟伯见面那天，哈罗德·罗斯是这样向他介绍的凯瑟琳。她同时还是罗杰·安吉尔的母亲，为了和E·B·怀特在一起离开了罗杰的父亲。

"你认为塞林格从你母亲和其他《纽约客》编辑那里学到了一些写作方法吗？"我问到。

罗杰耸耸肩，这是表示不满的肢体语言，我的发问显然敏感又冒犯。

"但你不认为作家会通过编辑来学习创作吗？我是说，如果对方是一名非常优秀的编辑的话？自从塞林格开始在《纽约客》上发表作品，他的小说与之前有相当程度的差别。你不觉得你也是从第一个编辑自己作品的人那里学到东西的吗?我意思是,无论写作还是编辑。"

"编辑过的文章没让我学到东西,"罗杰说,"我一生都在作家和编辑身边。当我五岁时,就看到母亲拿着铅笔和手稿在厨房桌子上工作。"

我想起批评家南希·富兰克林曾在她的文章中提到凯瑟琳·怀特:"作为一名编辑,她更像是母亲;作为一位母亲,她又整天在编辑。"

罗杰对于塞林格唯一的长评是:"需要指出的是,我并不认为塞林格真的在写作。更确切地说,他可能写了一些东西,但除非有人读到它,否则就不算写作。写作意味着阅读,它是作者和读者间的对话。如果没有读者,就不存在写作。"

我把这话带回家,想了半天。不管怎样,我都不能真正同意。

于是我给罗杰写信:

"我仍在思考您的评论:塞林格在他的地堡里做了什么,那都不是写作,因为写作是为读者而写的。这是一句很挑衅性的话。从那以后,我想出了各种各样的反驳:卡夫卡和艾米莉·狄金森怎么说呢?如果他留下一张纸条,上面写着'一百年后出版',会怎样?"

罗杰回复说:

"如果'永远为读者着想'是迄今为止给写作初学者的最好建议,那是因为它证实了写作首先是沟通,你写下的东西是为了让别人看到和吸收。这是一个双向的过程。我不太在乎狄金森或卡夫卡,因为他们显然是例外。每当我开始写一些东西给自己时,便会立刻失去兴趣,而且几乎毫无质量。"

20 专业人士

在哥伦比亚的第一个学期，赛林格只是
望着窗外。第二个学期，
他还是望着窗外。

——惠特·伯内特

1939 年 1 月，塞林格回到学校。但不是作为大学生，至少名义上不是。我在其他传记中读到的是"塞林格在哥伦比亚大学注册"。这说法就像在医生办公室墙上赫然挂着哈佛大学文凭，细看才发现这位医生上的是哈佛夜校。塞林格的真实情况是，他进的是哥伦比亚大学附校，现在叫"通识教育学院"。

和现在一样，当时的学生也是鱼龙混杂，既有继续追逐写作梦想的成年人，半吊子的哥伦比亚大学肄业生，也有仕途坎坷的年轻学术难民，人人水深火热，这是塞林格所在的群体。

附校的老师一般是哥伦比亚大学的助理教授，而非教授，自己往往也是作家和编辑。一些老师专注于他们的文学工作，对教学兴趣寡淡，有些甚至本末倒置。塞林格在春季学期选修了两门课，取得了极其优异的成绩。

查尔斯·汉森·汤恩是位高产作家，发表过大量体裁各异的作品——新闻、剧本、小说、诗歌。他热情奔放、才华横溢，在二十世纪上半叶动荡的杂志出版界闯出了名堂。他曾与西奥多·德莱赛共事于《廊形》（听起来像是一本讨论政治或美学的严肃杂志，其实是介绍菜谱和刺绣图案的时尚刊），编辑过《时髦精》这本后来被 H·L·门肯和乔治·简·纳森接手并令其扬名的杂志，还在大刊《时尚》和《时尚芭莎》干过。1939 年，查尔斯出版过一本书名暧昧的新书《绅士行为：查尔斯·汉森·汤恩的男人礼仪书》，这算是一种观察，还是一份指南？

塞林格的世界充斥着绅士和年轻的先行者，他们不循规蹈矩，非常清楚什么样的行为会让他们无法忽略束缚的存在，尽管他们鄙视束缚。霍尔顿·考尔菲德反戴的鸭舌帽无疑是这种鄙视的象征，可塞林格身边的反叛者们没这么招摇，这些绅士和先行者可不会像个流浪汉一样四处游荡。

查尔斯教诗歌，他写的所有诗歌都押韵。塞林格，或者从大学辍学过两次的人也许会对下面的诗歌章节感兴趣：

他跌跌撞撞回到上帝那里，

歌还有一半没写,活还有一半没做。
谁知道他那淤青的双脚走过哪些地方,
又赢得了何等沉重的安宁与痛苦?
我希望上帝微笑着握起他的手,
说,"可怜的流浪儿,激情四射的蠢蛋!
生命之书难懂
为什么不留在学校?"

最后一学期,查尔斯送给塞林格一份特别的礼物:一本他自己的诗集,附有一个激情四溢的签名,当然全班学生也人手一本:

> 给杰罗姆·塞林格,因他坚持不懈地完成了哥伦比亚大学 1939 年春季课程。1939 年 5 月,纽约,查尔斯·汉森·汤恩赠。

查尔斯习惯收藏学生的作品,也许他真心喜欢这些习作。其中有一首塞林格创作的名为"纽约早秋"的诗,这首诗流露出塞林格最终没有踏上诗途的种种迹象,它让人惊讶地以性爱结尾——在对树叶和太阳做了押韵的描述后,天真无邪的叙述者满怀惊喜地游荡在一群年轻裸女组成的荆棘间。

诗人点评那些迷人的貂皮。书中没有提到大衣什么的,只有一个充满暗示的词"貂皮"。整首诗最终以"女士（ladies）"这个在希腊语里表示地狱的单词作为尾韵。最后三句则宣告了诗人对女性"硬跟鞋"的热爱，"硬"字被反复使用。

就像那些迷人的史前化石，这些词句与纽约这座城市声色相和，也暗示了在中央公园遭遇一场艳情的年轻渴望和强烈冲动，而空留的惆怅则反射出锈绿色的光芒。这种不加润色和打磨的渴望，是霍尔顿·考尔菲德心声的一部分，其中有关性、惩罚、感激的诗句，让人体会到塞林格三联画中第一联的主题。

21　505号房间

惠特·伯内特的课程叫作"专业写作"。课程介绍是这样的:"为专业作家开设,提供建设性批评,帮助解决个人写作问题,还能与一小群作家交流并激发日常写作。"

这门课从星期一晚上7点半上到9点10分,教室位于哥伦比亚大学一座大楼的505号房间,这栋楼当时被称作"商学楼",现在改名为"道奇厅",它是你进入百老汇大街和116大街街角处的学校正门时左手的第一栋。要去505号房间,塞林格得爬上两段宽阔的黑色阶梯,楼梯在每层的平台处转弯,无论谁爬到顶都会气喘吁吁。塞林格和霍尔顿·考尔菲德一样,是个烟鬼,常坐在伯内特教室的后面不停地抽烟。斯特林太太跟他混在一起,她是这门课里年纪最大的学生,喜欢写些植物连翘之类的东西,时常也会责备身边这个年轻人烟抽得太猛。

不管塞林格从伯内特的指导中收获了什么,我们很难从第一学期看出它的效果。他在创作和评论上都没有耀眼表现，但他坚持去上课，坐在教室最后，抽着烟，望着窗外。也许是为了摆脱父亲，或者认为能从伯内特那里学到东西，1939年秋天，他再次选修了这门专业写作。

伯内特和妻子玛莎·弗利共同创办了《小说》杂志，并负责编辑，这本杂志能办到1939年已堪称业内传奇。伯内特有发现天才的能力，衡量一个文学编辑价值的最重要标准之一就是他能发现多少有趣的声音。就这个标准来看，伯内特是最伟大的编辑之一。威廉·萨洛扬、詹姆斯·珀迪、杜鲁门·卡波特、卡森·麦卡勒斯、诺曼·K·梅勒（当时已有署名）以及约瑟夫·海勒都在他杂志上发表了处女作。尽管今天的年轻作家常常把以上作家视为同类，但值得注意的是，伯内特早期出版的作品由两大（不仅仅是一位）顶梁柱写就，他们是《独自和解》的作者约翰·诺尔斯和塞林格。

1941年左右，在诺曼·梅勒赢得《小说》杂志举办的大学生小说大赛，也就是塞林格成为伯内特学生两年后，梅勒这样评价道："伯内特是一个非常谦虚的人，留着一把花白漂亮的山羊胡子。"1970年代初，梅勒又将伯内特称为"传奇"，同时这样评价《小说》杂志："30年代后期和第二次世界大战期间的年轻作家都梦想自己的作品能登上这本杂志，那种狂喜等同于青年摇滚乐队能登上《滚石》杂志。"

尽管如此，或者正因为如此，塞林格才懒得去注意这个留着花白山羊胡子的男人。相反,他把大量时间都用来凝视窗外。

伯内特的教学风格并不奔放,他是一个极其含蓄的人,从小在盐湖城被当作摩门教徒抚养长大,他女儿甚至怀疑奶奶来自尤特部落。当基督教末世圣徒教会让他出国传教时,他表示除非把他送去巴塞罗那,但教会拒绝了这样的要求。伯内特便孤身一人去了欧洲,成为一名记者。有段时期他负责经营《巴黎先驱报》,获封"乖张尖酸的伯内特"的绰号。

1964年塞林格写过一篇对伯内特的评价,直到对方去世后才发表,它作为编后记出现在1975年的《小说家手册》中,该书作者是伯内特的第二任妻子及合著作者哈莉·伯内特。到1964年,塞林格和伯内特的关系开始变得复杂。伯内特在《小说》杂志上发表过5篇塞林格的小说,在二战结束后,他说服塞林格由小说出版社推出一本合集,打算请出版商J·B·利平科特提供资助。这种出版模式在战后几年很常见,当时还是年轻编辑的伯内特是塞林格的狂热拥趸,但金主明显不是,利平科特拒绝支持这本书,伯内特不得不宣布放弃出版。塞林格很生气,他无视此事情有可原之处,他只看到背叛,没法把自己的拥护者伯内特和赞助者分开对待。

塞林格声名渐隆,伯内特也在努力维持着手中的杂志,他曾多次请求塞林格援手参与一些计划,却总被拒绝。当我和伯内特的儿子约翰谈及此事时,他说塞林格"贵人多忘事"。

"他上课经常迟到……而且试图早退。"塞林格回忆伯内特的教学风格时这样说,"我常常怀疑,任何一个优秀尽责的老师都会做得更多,伯内特先生偏偏是那个例外。我对他如何和为什么这样做有多种看法,但有一点必须说,他似乎对自己的写作更有热情……"

在梅勒和塞林格对伯内特的评价中都提到了个人魅力。他的成就似乎有一半是他并不在意那个后排男孩抽着烟、望着窗外、无所事事。当时,伯内特已经与妻子兼《小说》杂志共同创办人玛莎·弗利分居,牵手哈莉·索斯盖特,继续他之后三十年《小说》杂志的编辑出版。

弗利多年坚持美国最佳短篇小说系列的编撰,她写了一本《小说》杂志创办早期的回忆录,其中提到一个有趣的细节:当时伯内特刚在旧金山报业落脚,弗利也在那里上班。他告诉她,自己是坐火车来旧金山的,身无分文,只能靠工作换取路费。在那次跨越全美的旅途中,他整天待在家畜车厢,把因惯性跌倒的牛一头头扶起来。

1939 年 10 月,蛰伏了几乎整整两个学期后,塞林格突然复活了。"他开始写作了吗,"伯内特后来写道,"他的打字机似乎同时冒出好几个故事……"

塞林格打破沉默的不是一篇小说,而是一封写给伯内特的信。他表示了对伯内特的不公,从没有为上课做阅读准备。他回顾了近两个学期他在伯内特教室后排度过的时光,像是在宣告这段时光的结束,他对这两个学期的描述就像严重过敏症患者说起春天在大自然中散步一样。症状不是没完没了的打喷嚏和眼睛发痒,但同样会让人感到虚弱。他暗指的是他那个复杂且古怪的自我。

"自我"这个词出现得太过频繁,以至于有人猜想塞林格读过弗洛伊德,不然就是这个辍学超过两次的大学生曾就诊过精神科[1]。无论如何,塞林格借鉴了弗洛伊德的方式,以过去时态形容他的苦恼。而这封信散发出一股愉悦乐观的气息,塞林格解放了!尽管没有公开声明,这封信却很好地表明,帮助他获得解脱的人正是——惠特·伯内特。

这封信之后不久,塞林格给伯内特寄去了多篇小说。

《年轻人》是其中一篇,给伯内特留下深刻印象,他建议塞林格投给《科利尔》杂志,这本当时的大刊或许愿意出大价钱买单这部结尾有神反转的短篇小说。这是一个以守为攻的机智策略,对身为老师和编辑的伯内特来说是双赢。如果《科利尔》采用了小说,他会为学生自豪;万一落空,他可以考虑在《小说》上全文发表,而不用承担学生希望落空带来的压力。

---

[1] 《我认识的一个女孩》透露出一点相关证据,主人公约翰总结了他在维也纳的生活:"我在维也纳呆了五个多月。在此期间,我频频出入于舞厅、滑雪场、溜冰池,和年轻的英国小伙子们在某些对抗激烈的比赛中大吵大闹。我还看了两家医院给病人做手术的过程,让一个吸香烟的匈牙利少妇给我做了次心理分析。"

塞林格对这一进展倍感振奋，亲自将手稿送去了《科利尔》杂志。被拒绝以后，他把小说给了伯内特，期间过去了近一个月。

1940年1月15日，塞林格21岁生日刚过不久，伯内特宣布了一个好消息：《年轻人》将成为塞林格发表的第一篇作品。

塞林格马上给伯内特写了回信，欣喜又惶恐。信的开头，塞林格将自己比作一双又冷又湿的手，这一比喻呼应了他对笔下的主人公手指的关注，让人不由想起舍伍德·安德森所著《小城畸人》中"双手"一节中令人窒息的氛围，同时也预示了塞林格作品中一个主要文学主题的出现。

就像被通知站上假想的领奖台接受假想的奖项似的，塞林格在信中发表了一通获奖感言。他二十一岁，他给伯内特写信，他毫无意外地被退稿。但既然现在有一个短篇小说即将发表，他就不允许自己再自怜下去。他的自我，又是这个词，能承受任何迎面袭来的人与环境，塞林格不再是自己最大的敌人。

屡次出现的手，反复提及的自我，内心深处的焦虑以及挫败感，这一切都让塞林格像卡夫卡《变形记》里描写的那样，一觉醒来发现自己由虫变回了人[1]。

---

[1] 卡夫卡是塞林格最喜欢的作家。在我探究塞林格的一生时，发现卡夫卡就像他的护身符一样如影随形。塞林格有着太多共鸣：父子关系糟糕、与城市风景紧密关联、作品充满寓意，这些卡夫卡作品的特点在塞林格的作品中同样强烈。卡夫卡告诉朋友马克思·布罗德，人生遗愿是将自己的稿子全部烧掉。

惠特的第二任妻子，哈莉·伯内特，后来把塞林格坐在教室后排沉思的样子描述为"有目的的幻想"。这听起来像是一个残疾人会快速康复，能走能跑，而且越跑越快。

两周后，也就是 1940 年 1 月 28 日，塞林格再次写信给伯内特，说他连续两周载歌载舞，只是偶尔会停下来琢磨下该如何公布这个重大消息。信里还罗列了朋友们在得知他的处女作即将面世这一个重大消息时的几种反应。很明显，每条都极为讽刺：

- 他都嚷嚷了那么久，没想到这回真要发表了。
- 这人辍学了两次，不指望他能做成什么。
- 他是一个犹太人。
- 如果你打算和他约会，别把我算在内，劝你也别。

这是自夸和自厌的微妙混合。二月，塞林格在信里告诉伯内特自己打算出门旅行，可真正成行的是他的父母。塞林格因此得以一个人待在家里，独自庆祝、畅饮啤酒，还把打字机从一个房间搬到另一个房间，白色氧化镁飞得到处都是。

《年轻人》的开篇如下：

> 约莫十一点光景，露希尔·亨德森看到她家的派对渐入佳境，而她又刚刚从杰克·戴尔瑞那儿得到了一个微笑，此时却不得不将目光转向艾德娜·菲利普斯那边。菲利普斯从

> 八点开始就一直坐在那张红色的大椅子上,一边抽烟,一边变换着高低音同过往的人打招呼,然而没有哪个年轻人愿意费心对她那充满期待的目光报以回应。露希尔·亨德森朝着艾德娜的方向,在身上衣服许可的情况下,尽可能重地叹了口气,然后皱起眉,打量着屋内这群她邀请来喝光她父亲苏格兰威士忌的吵闹的年轻人。突然,她"嗖"地一下看向小威廉·詹姆士,他正咬着指甲,紧盯着一个坐在地上的小巧的金发姑娘,她身边围着三个来自罗格斯大学的男生。[1]

读这段话,就像在看心爱女孩的小时候照片。你可以从她脸上看到她未来长成的样子,一切都刻在那张照片上。这样的时刻让人感怀,部分是因为它让我们在发现的过程中感受到强大,又令我们近乎婴儿般无助,人生轨迹似早已画定。

那些后来被塞林格熟用的技巧和文风在《年轻人》中已初见端倪。他会有意引导你关注一些不重要的事情,制造情节反转,同时通过保持词句间的韵律,让你在震惊和同情的情感切换中不断接近故事的中心——一个女孩的悲伤,她羸弱的社交能力没能让她受到欢迎。这会让你有点无所适从,不知道该为小威廉·詹姆士的荒唐感到遗憾,还是为艾德娜·菲利普斯那"明亮的双眸"始终被人辜负

---

[1] 此节参照陈正宇译本。(编者注)

表示同情。

《年轻人》算不上杰作,却因塞林格神秘的写作方式而显得生动。他似乎一出手就有了个人风格,踌躇满志。特别是在二十岁出头,这个最容易飘忽不定的年纪。塞林格耳边回响的全是青春悸动的音符,没来由的自我沉醉,以及偶尔表现出的真诚和慷慨。《年轻人》里同样出现了"边缘书写",塞林格在后来的诸多作品中都用了这个手法。他擅长在伸手救赎之前,先将角色推向令人厌恶的边缘,这也是他能通过巧妙描写手指、倒刺、指甲等细节让角色生动起来的原因所在。对手指倾注如此多的关注,难免有点荒谬可笑,又并非不可理解和原谅。

故事的最后,艾德娜犯下一桩小罪过,它发生在读者的视野之外,预示着塞林格未来创作的主要特征之一——留白。读者不得不推测故事的走向,并猜想它意味着什么。

22　秋千架上的大胆青年

> 一个从不写作的人想成为一名作家,梦想维持了足有十年后,亲朋好友甚至他自己都相信他是个作家。可他没有写出过任何东西,也不再年轻,这时他开始担心了。
>
> ——威廉·萨洛扬,初版序言
> 《秋千架上的大胆青年及其他》

尽管塞林格在给伯内特的信里盛赞了威廉·萨洛扬的小说《七万名亚述人》,萨洛扬本人却没兴趣谈论塞林格。其实,潜伏于萨洛扬早期作品核心的那股强大暗流,同样出现在塞林格的作品里,一种激越的坦白,几乎难以分清小说人物和作者本人。按今天的标准来看,萨洛扬的小说读起来更像个人散文,又有点超现实主义。

萨洛扬凭借《秋千架上的大胆青年》这篇短小又奇特的小说在1934年成名,惠特·伯内特将其发表在《小说》杂志上,接着又出版了同名小说集,一炮走红。萨洛扬从此开始写剧本，写电影，甚至写了首热门单曲。8年里，萨洛扬在文学领域和娱乐商界如鱼得水，赚得盆满钵满，又深得评论界认可，将普利策奖收入囊中，如智珠在手。

《秋千架上的大胆青年》分为两部分：一部分较短，名为"沉睡"；另一部分较长，名为"觉醒"。"沉睡"由四句超现实、梦幻的句子组成，既现代又原始。"觉醒"的写作方式只比"沉睡"稍微现实一点：主人公是一个勉强糊口的作家，等待成名，挨饿在这里不是一种委婉的说法。与卡夫卡的《饥饿艺术家》一样，这个男人也在故事最后饿死了。

人们很容易认为这场病态的幻象，对身处"大萧条"时期的美国民众来说极具共鸣，但这种想法很可能错失了，或者说只是部分触及了萨洛扬作品的魅力所在。萨洛扬的伟大在于将温暖和友爱注入了小说，不然它会非常黑暗，《秋千架上的大胆青年》因此成为一个让人感觉良好、让人饿死的故事。他的声音富有不加掩饰的哲理、骄傲的原始和粗糙。这种胆识或许是萨洛扬的天赋，也是诅咒。詹姆斯·艾吉称他为"天才的感伤主义艺术家"。

《七万名亚述人》是一曲悲歌，故事从一个亚述男人替叙述者理发开始。或许正是从萨洛扬那里，塞林格认识到了小场景的价值，学会了如何从中制造远大于叙事空间的共鸣场。读过塞林格那些热情的开场白，特别是《第三个人》中的那些故事——"旅店集中了九十七名纽约广告商……"，就不难想见萨洛扬豪放自信的文字给他留下的深刻印象。但最重要的是,塞林格被萨洛扬打破第四堵墙的叙事技巧所吸引:一个狡黠的故事高手,用三言两语轻松分散了读者注意力,暗中巧妙地推动情节。

萨洛扬的名气并没有持续很久,在文坛消失的速度几乎跟出现时一样快。他后来将此归咎于战争,以及与卡罗尔·马库斯的两次失败婚姻。而这位马库斯恰巧又是乌娜·奥尼尔最好的朋友,后者对塞林格而言意义深远。

一旦紧盯着某个人的生活,共鸣就会出现,萨洛扬和塞林格之间就存在很多共性。首先是专业度,这种专业度造就了他们的写作技巧,并保证了作品数量。当然,他们都和同类型作家惺惺相惜也是不争的事实。接着就是父子关系,塞林格和父亲关系恶劣,萨洛扬则三岁时父亲就去世了。另一个共同点有些复杂,他俩都被自己的孩子写到过。威廉·萨洛扬的第一位传记作者是他的儿子,阿拉姆·萨洛扬。阿拉姆写道:父亲在三岁时就被祖母抛弃,这个哭哭啼啼的小男孩成了孤儿。祖母离开时还责令父亲别哭,或许就是这一刻让萨洛扬将内心封存了起来。记录这些往事时,阿拉姆显得平静而克制,这让人联想起玛格丽特·塞林格的著作,她那介于自传和父亲传记之间的记录,同样不带任何感情波澜。批评家诺娜·巴拉基安通过对萨洛扬的观察,曾如此评论作家个人生活和其作品之间的关系,这一评论同样适用于塞林格:"从作者本人得到启示,我们允许作者本人比作品重要。"

23　公园大道 1133 号

公园大道 91 街,沿街的雨篷是绿色的。时值春暖,空中飘着毛毛细雨。公园大道上的郁金香已经盛开,即使凋谢的那些也依然娇美。公寓大堂像个小盒子,穿过前门不到十步就是电梯。看门人在上面叫我的名字,我随着那部实木镶板、Art Deco 风格的迷你电梯,吱嘎作响着升了上去。

参观塞林格的公寓对我而言极为神圣。之前我已经写信联络了所有认识的不认识的人寻求帮助,差点就找对了人,但对方突然又含含糊糊起来,说她最近很忙,孩子们正在游学。我又等了一个月,再次写信过去,收到的回复是:"帮不上忙,不好意思。"

这是魔咒吗?不止一次,当我告诉大家自己在写塞林格传记时,他们都会半开玩笑地说:"别去打扰那个人!"

但我最终找到了另一个联络人,现在是时候去一趟那栋楼了。

战前纽约市的公寓,对塞林格的情感和作品来说至关重要。一套公寓可以转变为一种精神的物理存在，尤其当居住者对其心有牵绊时。进入塞林格的公寓是一种尝试，尝试行走于由他构建的意识图景中。当然，我也想知道自己能否从他的故事里认出这个公寓来。

这次拜访很有必要，我并不知道塞林格一家究竟住在哪套房间。好在每层楼只有两户人家，找起来不算太难。乘坐电梯吱嘎上楼时，比起找对门更令我困惑的是，自己究竟将会激动于塞林格一家生活过的地方，还是激动于格拉斯家或考尔菲德家生活过的地方。抑或是对《就在跟爱斯基摩人交战之前》中吉尼坐过的地方感兴趣，她在那里等着赛琳娜从卧室拿车费出来。

1932年，塞林格全家搬进公寓，索尔和米里亚姆在这里生活长达四十年。1935年，多丽丝·塞林格在这里完婚，但婚姻并不长久。也是在这里，塞林格构思并写出了几乎所有让他成名的角色。当他战后从欧洲回到公寓时，也带回了第一任妻子。但是，浮现于我脑海里的关键不是塞林格的经历，而是他的小说。

前一天，我去普林斯顿大学翻阅了塞林格写于1942年的小说《最后最好的彼得·潘》，故事笼罩在巨大的战争阴影之下，无比焦虑。这种焦虑并非来自即将上前线战斗的男人，而是来自他们的母亲，构成了小说的主题和张力。

故事以"我的母亲是……"开头，紧接着便解释了她不仅仅是一名演员，更是舞台和银幕上真正的明星。

故事的讲述者是文森特·考尔菲德，出场说话的方式像极了《麦田里的守望者》里的霍尔顿·考尔菲德，那是一段关于母亲的狂热的长篇独白，但从说到母亲在《罗密欧与朱丽叶》中扮演朱丽叶开始，叙述变得奇怪起来。顺便一提，文森特的父亲也是一名演员，在戏中扮演罗密欧。他的表演被暗指"过于紧逼"，不受大家欢迎。"紧逼"这个词又是塞林格的独创，就这部剧来说，表面意思自然是"一个身穿显眼紧身衣的人"，同时也意味着用力过猛、矫揉造作。虽不至于恶毒到直指其表演"虚伪"，但也相差无几。而母亲的表演是另一回事。对于她的表演，文森特是这样说的："母亲在凯普莱特家族身上施加了所有可悲又恶毒的诡计，把一个诚实的孩子变为了骗子。"

尽管讲述者文森特观看表演时还是个小男孩，但也本能地明白舞台上的少女正陷入爱河，而扮演少女朱丽叶的母亲已经三十八岁了。

所有这一切都是冲突的前奏。如果这家人没有雇佣那个新女仆，而新女仆在给文森特送早餐——一个装在蛋杯里的半熟鸡蛋时，不是每次都忘记附上勺子的话，[1] 文森特就不会在几天之后，一气之下亲自冲进餐具室找勺子，那么一切也就不会发生了。

---

[1] 这让人想起一则曾将塞林格家卷入其中的丑闻：1941年，J·S·霍夫曼公司因贩卖假冒瑞士奶酪被判刑，这家公司一直在给来自威斯康星州的奶酪打"瑞士"孔。塞林格的家族资产虽得以保全，但事情的来龙去脉后来被《纽约时报》曝光。

重新梳理整个过程,事件爆发到底需要多少步骤?女仆送来早餐,没附勺子,文森特自己跑去厨房找,最终在一堆勺子中间,发现了一封久远的部队来信,母亲背着他把信藏了起来[1]。随即我们便来到了故事的高潮部分,母子俩在母亲的卧室展开了长时间的对峙。

在发现自己的入伍通知后,文森特选择了最短路线,"穿墙而过"似的从厨房径直来到母亲跟前,他开口时"冷静而机敏"。

她回应:"别大喊大叫。"作为一个演员,她有好些精彩的台词。

此时我们大约已翻阅了六页故事,剩下的六页基本全部是对话。

《最后最好的彼得·潘》非常精彩,我想不明白为什么塞林格不发表,还严禁出版,直至他去世。

我又想到了那篇《去见艾迪》,差不多和《年轻人》同一时期写就,比《最后最好的彼得·潘》则早了一年。这个故事围绕一对成年兄妹展开,妹妹刚在自己屋里披上长袍,兄妹俩就为一杯咖啡争吵不止、互相威胁。性在这里不是潜台词,标题中的艾迪是个好色之徒,哥哥为了还债想让亲妹妹去勾引他。妹妹拒绝以后,他威胁要把她和一

---

[1] 忘拿勺子可以看作是女仆不称职或狡猾的表现。有可能这所房子的王子是个十足的混球,让新来的女仆选择宣战。也可能女仆针对的是女主人,女仆知道勺子堆里的秘密,于是很狡猾地故意不送勺子。

个已婚男人的婚外情公之于众。在故事结尾,我们却发现妹妹性欺诈的能力远超哥哥的想象。

《去见艾迪》和《最后最好的彼得·潘》形成了绝妙对比。尽管内容和行文完全不同,但两个故事读上去像是彼此的分身:都发生在室内,都有一个坐在梳妆台前的女人,都有被暴跳如雷的男人咄咄逼问的一幕。《去见艾迪》中,这个男人是她哥哥。《最后最好的彼得·潘》中,这个男人是她儿子。她们身为演员的天生美貌是主要祸因,妹妹徘徊于演艺圈最底层,母亲则是一位明星。两人都穿着睡袍,拥有一头性感丰盈的红发,在那里梳了很久,这一动作几乎成了一种防御姿态。两个女人都擅长说谎,《最后最好的彼得·潘》则多了一个创新,多了一种温柔又笨拙,又气又怕又好笑的口吻,它也经常出现在塞林格的诸多后期作品中。男人形象是文森特·考尔菲德,也是霍尔顿。当母亲在人行道发现菲比·考尔菲德,并注意到她漂亮的衣服时,这无疑很奇妙。

电梯门开了。公寓现在的主人出现在门口,我向她走去,心里盘算着先看厨房,然后数一下从那儿去卧室须走几步,卧室里或许还摆放着那个梳妆台。

我走进一步,往右瞥了一眼,是一条过道,尽头是浴室。浴室门敞开着,白色浴缸闪着光,祖伊曾坐在那里,拿着信,点着烟。

那天我敲开了不少家门，才找到塞林格的住所：朝西有三间卧室，两间女仆房朝东。现在女仆房被用作办公室和次卧，据说塞林格年轻时基本住在女仆房。

塞林格家楼下住着一个精神科医生，曾为库尔特·冯内古特做过治疗。他的名字在冯内古特的信集中被提到过，医生找出最近出版的信集并大声朗读了相关段落。这应该是纯属巧合，虽然冯内古特也是参加过二战坦克大决战的老兵。

窗外景色或许是这套公寓最值得称道的地方，虽然楼层不高，但从六楼望出去，视野极开阔，位于公园大道对角的基督教长老会教堂及其精巧的白色尖顶尽收眼底。还有一口钟，虽然没有大到像哈罗德·劳埃德在电影《安全至下》里那样把整个人挂在上面，但和童年记忆中的一样有趣。

那天还碰到一件事：当我背朝厨房站在起居室里，心算着从厨房到卧室"穿墙而过"的最短路径时，公寓主人递来一篇《泰晤士报》艺术版的头条文章，上面登着一张J·D·塞林格的照片。我为塞林格而来，现在他就在眼前。有趣的是，有一百万人可以在读到这篇文章时如晤其面，在《泰晤士报》庞大读者群中，这个塞林格的粉丝数，应该算足够体面，不含水分，其意义不同于那些追逐流行明星的青少年，或虔信上帝的大众。塞林格出现在报纸上，是一种亮相,将真身及其意义直面给读者。这是塞林格天才的一部分——即便读者人数庞大,他的作品依然可以和每个人倾谈。

《泰晤士报》刊登的这张照片摄于1952年,也就是《麦田里的守望者》出版第二年。相片中,塞林格凝视着一侧,目光坚定,英俊、自信、深情,甚至带一点邪恶。他指定了摄影师,安东尼·迪·杰苏,说想拍一张照片给母亲。

24　1941：《没有一点腰身的年轻姑娘在1941年》

1941年初,塞林格在康斯荷姆号游轮上找了一份工,展开前往加勒比海的十九天航程。他和朋友赫布·考夫曼一起找的这份活儿,两人以前曾在纽约挨家挨户地找演出机会。

塞林格后来半开玩笑地说自己有满满一抽屉游轮故事。其中唯一一篇收录进书里的是《泰迪》。另一个公开出版的短篇是《没有一点腰身的年轻姑娘在1941年》,1947年发表在《小姐》杂志上,是《我认识的一个女孩》的姐妹篇。这两个故事都写于1946年至1947年之间,彼时从战争归来的塞林格还在摸索自己的写作方向,所以小说中暗藏了很多引人入胜的回忆,带有浓重的个人色彩。尽管那段经历看似遥远,但当时的塞林格需要贴近它们。此外,两个短篇都预示了即将到来的战争。

尽管塞林格重新设计了一些细节,《没有一点腰身的年轻姑娘在1941年》本质上还是自传性的。他很擅长改编细部，变换日期和街道，使其更接近虚构的生活。比如《一》的背景设定是1940年，而塞林格从游轮历程获取灵感却是在1941年。

这篇故事与塞林格的经历在细节上有惊人的吻合：男主角雷·金赛拉是停靠在哈瓦那港一艘游轮上的员工。塞林格别出心裁地选择了曲折流畅的开场白，如从漏拍起跳的莎莎舞步，这在他的许多早期故事中往往是第二句的句法。第一句就单刀直入，这很少见，句法韵律更似海明威远甚于菲茨杰拉德："坐在芭芭拉身后观看回力球赛的年轻人，最终还是探身向前，问她是否不舒服，是否愿意让他送她回船。"

"最终"这个词很关键，说明小伙子暗忖了很久是否应该说些什么，因为眼前这位年轻女士显然看上去身体很不舒服。接下来这句，则完全展现了塞林格的风格："芭芭拉抬起头，看清了他脸上的表情，说好的，她想回去，谢谢，她确实有点头疼，他能送她回去简直太好了。"

如果要从塞林格三联画的第一联选择一个短篇收录进《九故事》，我很可能会选择这篇，不仅因为这些散落其间的小情致带来的整体效应，还因为其对核心主人公夫妇近乎超现实主义的白描，极有可能投射的正是塞林格的父母。

这些小情致包括：

- 往返于游轮码头之间接送乘客的小船名为"温柔号"。
- 在游轮甲板上那段长长的亲热场景中,雷的姿势别扭不适,他却保持了数小时,以这种牺牲换来了与芭芭拉接吻的快乐。
- 那段冗长的哈瓦那夜总会场景,让人感受到哈瓦那在衰落之前,那反常的、堕落的浓郁魅力。

但最重要的是,我被故事中出现的中年夫妇吸引住了,黛安和菲尔丁·伍德拉夫,他们与雷和芭芭拉黏在一起。

他们也是塞林格创造的最特别的角色之一,就像《抬高房梁,木匠们》中戴着大礼帽、坐在出租车里的小男人一样。但是,和那个像是从默片时代穿越而来的男人不同,黛安·伍德拉夫一直在说话。这是一位精致迷人的灰发妇人,戴着梨形钻戒和钻石手镯,穿着"印有瑟伯犬图案的长袖晚礼服"。谈吐机智,活泼快乐,是她的魅力之一,以至于让人期待能看到她绝望的时刻。她讲话的方式看似询问,实则给人下了一堆指示:

"这难道不是一个美好的夜晚吗?"

"你不觉得很美妙吗?"

"菲尔丁,亲爱的,你看起来就像个大学生,这么年轻,这可不像话。"

"我们来自旧金山。真好,是不是?你觉得最近会开战吗，沃尔特斯先生？我丈夫说不会。"

预备役军把雷派到炮兵部队，他很高兴，因为从此不必再听别人瞎指挥，这明显是塞林格战前态度的再现，他听了太多人的胡乱扯淡，无比厌恶。

从塞林格对伍德拉夫夫妇的描绘中不难发现他父母的影子。塞林格的母亲米里亚姆不是黛安·伍德拉夫那类荒唐的醉鬼，索尔也不像菲尔丁那般沉默寡言、烂醉如泥。但是，米里亚姆·塞林格，很可能像1941年其他所有年轻男孩的母亲一样，对孩子将要参战，对他们的未来，深感不安。

这同样是黛安·伍德拉夫关心的重点。跳完舞喝完酒，释放了自己的快乐后，她起身去了洗手间。就在她离开桌子那会儿，菲尔丁突然提醒说[1]，等他们离开旧金山时，儿子会去参军，他一直瞒着妻子这件事。

雷和芭芭拉最后上了小船，回到游轮甲板上，亲热了一番。塞林格在描写这一幕场景时展现出令人惊叹的才能，他把细微的肢体动作描写得无比真实又充满困惑。这是一种极为精准的描述，本不会引起读者的兴趣，结果却正相反。

---

[1] 塞林格从马克斯兄弟（Marx Brothers，美国早期喜剧表演团，被称为"无政府主义四贱客"）身上意识到了"唐突"的戏剧效果。在那些曾发表于杂志，但没有收录进书中的短篇故事中，"唐突"这个词出现了二十次。"完全地"是另一个常见词，但我不打算把它算在内，有些东西应当保持神秘。

接吻的间隙,两人也交谈几句,我们发现芭芭拉已经订婚,雷则试图说服她离开未婚夫嫁给自己。芭芭拉的问题,至少她表达清楚的一点是,她不知道该怎么把这件事告诉与自己同行的未来婆婆。芭芭拉"紧张地咬着拇指上的肉刺",问他是否觉得她傻。

"我什么?我是不是觉得你傻?我当然不觉得!"

"大家都觉得我傻,"芭芭拉慢吞吞地说,"我猜我可能是有点傻。"

"别说这个了。我是说,别这么说。你不傻,你很聪明。谁说你傻?那个卡尔吗?"

芭芭拉含糊其辞地说:"噢,并不是。女孩们。我上学时一起玩的女孩。"

"她们疯了。"

不管是雷还是读者,都无法一下子从芭芭拉的傻劲中缓过神来。以一个傻女孩为主题,是塞林格早期短篇中非常古怪的例外。故事在女孩和婆婆同住的房间收尾,当得知未来儿媳想取消与她儿子的婚约时,对方显得出奇的平静,她是否在暗中窃喜呢?

其实这篇小说的关键魅力来自伍德拉夫夫妇——被卷入、胁迫、压抑、性、受阻、牵制、被牵制、特别反常。是我对这对中年醉鬼夫妇反应过度了?或许吧。但是想想

《谁害怕弗吉尼亚·伍尔夫?》,再想想这幕场景:"温柔号"小艇载着四人回到船上,烂醉的中年夫妇顺着脆弱的梯子爬上游轮。这是我们第一次真正注意到这梯子,黛安首当其冲爬了上去。

登上梯顶后,她冲着爬到一半的丈夫喊叫,责备菲尔丁在她往上爬的时候抓了梯子。他生气地否认,一屁股坐在了梯子上。黛安爬下来回到他身边,紧勒住他脖子,差点没把对方掐死,然后才慢慢松开双手。

> "你爱我吗?小老鼠。"她问道,几乎把他掐得透不过气来。他答得不知所云。"太紧了?"伍德拉夫太太问,松开她的拥抱,望向波光粼粼的海面,随后继续自问自答:"你当然爱我。如果不爱我,你简直不可饶恕。好孩子,别摔了,把两只脚都放回梯子上。亲爱的,你是怎么坚持下来的?我好奇我们的婚姻为什么这么幸福,我们都富得发臭了,按常理应该像大陆漂移那样分开的。你这么爱我,令人发指,是吧?甜心,把两只脚都放回梯子上,像个乖孩子一样。这里很美,不是吗?"

索尔和米里亚姆在游轮度假时发生的一件轶事,让人不禁联想到伍德拉夫夫妇其实映射的是塞林格父母:1960年,一对刚搬进公园大道1133号的年轻夫妇坐船旅行,在乘客名单上惊讶地发现了他们新住处的另一对夫妇,索尔和米里亚姆·塞林格。他们主动找到了塞林格夫妇，自我介绍说是1133号的邻居。四人共处了一段时间，像是成了朋友。但几天后，塞林格夫妇告诉他们的新朋友兼新邻居，他们"太年轻了"，应该去找和他们年纪相仿的人。塞林格父母很可能觉得这对小夫妻烦人，尽管不必怀疑其初衷，但索尔和米里亚姆个性里的唐突由此可见一斑。

25 信里的女人

1941年夏天,塞林格随伊丽莎白·默里去了朋友兼邻居阿格尼丝·奥尼尔家,在那里遇见了乌娜·奥尼尔。乌娜那时才十五岁,但她与两个闺蜜葛洛莉娅·范德比尔特和卡罗尔·马库斯,已经是八卦专栏的话题人物了。卡罗尔·马库斯与威廉·萨洛扬有过两次婚姻,是沃尔特·马修未来的妻子,也是霍莉·戈莱特[1]的原型。

网上可以找到大量乌娜的照片,甚至包括她少女时的试镜影像,可惜都不能准确传达她的迷人,好在塞林格一向眼光独到[2]。乌娜的父亲是著名剧作家尤金·奥尼尔,但自从尤金在她两岁时离开阿格尼丝后,乌娜几乎没再见过父亲。

回到纽约,乌娜和杰里开始约会,一起出入俱乐部。

---

[1]《蒂梵尼的早餐》中的女主人公。(编者注)
[2] 小说家詹姆斯·索尔特(1925—2015)喜欢乌娜,他这样说道:"我确实在公车上见过乌娜一两次,每次都不得不低下头来抑制住想盯着她看的冲动。"

斯托克俱乐部打算炮制一个大新闻，宣布时满十六岁的乌娜为"年度社交新秀"。塞林格请她忘记这一切，周围太多虚伪。跟霍尔顿一样，塞林格擅长识别。

乌娜是塞林格一生挚爱吗？是他如史诗般迷恋的爱人，或只是他欲望的倾注对象？是助他进入上流社交的台阶，或是一份战利品？也许都是。他想娶她，和她永结连理吗？也许吧。但不管怎样，他得想法支开跟屁虫似的乌娜母亲。

1941年9月15日，塞林格在给默里写信的开头哀叹，阿格尼丝在他们约会时始终不离左右。

不管有多懊恼，起码塞林格在一开始的邮件往来中是语透轻悦的。之后语气开始变得刻薄，称乌娜"被惯坏了"，却又马上自圆其说，声称这至少说明人们一直在关注乌娜。他还在信里提及自己将最新的短篇《洛伊斯·塔格特的漫长入世》寄给了经纪人，默里也被写进了这个故事，塞林格显然倾注了颇多心血。

《洛伊斯·塔格特的漫长入世》是一个关于社交女孩的故事。最初，作者对该女孩的态度只有轻蔑：

> 春天又来了，斯托克俱乐部的空调也重新运转起来，洛伊斯陷入了爱河。对方是一个高个子的出版代理商，名叫比尔·特德通，有着低沉的烟酒嗓。他显然不适合被带回家去见父母，洛伊斯却觉得他无疑是一份妥帖的返乡见面礼。她情难自禁，而这个自离开堪萨斯之后就一直闲晃的比尔却在

训练自己深情地望进洛伊斯的眼睛,以便找到这个家的保险柜大门。洛伊斯成为了特德通太太,塔格特夫妇并未过多干预,对于女儿选择嫁给一个穷光蛋还是富家子弟,大吵大闹都无济于事。当然所有人都清楚,出版代理商等于穷光蛋,两者是一码事。

这种轻蔑随后变得残忍起来。比尔为了钱而娶洛伊斯,却在后来的日子里爱上了她,但看似幸福的反转转瞬即逝。一天,比尔伸手取烟,他将烟像拿钢笔一样捏在手中,燃烧的烟蒂与洛伊斯的手近在咫尺。

"最好别,"洛伊斯说,佯装警告,"会烫到的,会烫到的。"

比尔好像没听见似的,继续漫不经心地我行我素。

洛伊斯突然尖叫一声,俯下身子,然后疯狂地跑出房间。

"洛伊斯。洛伊斯,宝贝。亲爱的。向上帝发誓,我不知道自己做了什么。洛伊斯。亲爱的。把门打开。"

读者或许会觉得这是一个关于疯狂爱情的故事。其实不然,这是洛伊斯·塔格特苦难的开始,后来苦难转成了虐待。

这个短篇与塞林格和乌娜的交往是如此相似,让人不寒而栗。苦恼、愤怒,这是当男人为美人神魂颠倒,揽她在怀，又心知肚明她随时会溜走时才会有的感觉。故事中发生的事情糟糕不堪，但塞林格的风格不变，语气铿锵。

伊恩·汉密尔顿形容故事结尾处的洛伊斯是"平静的"，发生的一切击碎了她所有的骄傲和希望，"洛伊斯因此变得平静：她既不高贵也不虚假"。

汉密尔顿关于"平静"的表述，像是召唤出了《飞越疯人院》中的护士长瑞秋，与阉割、额叶切除等暴力镇压相呼应，可人们并不想从真实的故事中读到这些[1]。

除了对乌娜的明显映射，塞林格在《洛伊斯》一文中对"送冰人（The Iceman，引申义为'穷光蛋'）"的提及，同样颇为传奇。

尤金·奥尼尔的剧作《送冰人来了》创作于1939年，但直到塞林格写完《洛伊斯》多年后才搬上舞台。或许塞林格听说过和剧作有关的种种，或许《洛伊斯》就是他写给乌娜的缠绵情书，记下的是某个心灵瞬间。据乌娜的传

---

[1] 大约一年后，塞林格写了另一个短篇《伊赖恩》，对女主角的态度更显暴力。在《没有一点腰身的年轻姑娘在1941年》中，芭芭拉漂亮而愚蠢，伊赖恩则更漂亮也更愚蠢——她喜欢看电影，和母亲一起生活在布朗克斯，六岁时父亲猝死。读者跟随一系列旨在再次肯定她的美貌和愚蠢的小插曲，来到了伊赖恩的青春期。事实上，我们不难发现她的美丽，和几近崩坏的内心。当她十六岁时，塞林格允许她在被胁迫的情况下陪伴一个年轻男人逛了一整天海滩，然后走下木板道继续散步。"允许"这个说法听起来很怪，但塞林格总是如父母般溺爱他笔下的角色。这次沙滩散步的最后一瞥来自伊赖恩的约会对象，他诱劝伊赖恩走下木板道，前往一个偏僻的角落："他那颗平凡的心激烈地跳动着，因为永恒的浪子那卑劣但很少出错的直觉正告诉他，接下去所有事情都会变得简单……非常简单……"这个男孩名叫泰迪。或许正因为意识到文中这些针对女性的奇怪敌意，促使塞林格不想发表已早期的部分作品。

记作者亚瑟·盖尔布回忆,奥尼尔和塞林格几乎同时展开创作,奥尼尔的剧作最初名为《长日入夜行》,这个剧名在当时属于绝对机密,但正式亮相时被改成了《送冰人来了》。乌娜肯定知道这些细节,并建议塞林格直接拿来引用。换句话说,流言蜚语有时胜过苦思冥想。

面对和乌娜的这段感情,塞林格没能处理好结局,部分原因在于这段感情没有一个明确的结局。塞林格的愤怒无疑透露着浓浓的绝望,他被派驻在佐治亚州的班布里奇,珍珠港遇袭后,距离他原本能在杂志上读到自己的《纽约客》首作已过去了将近一周。乌娜当时在好莱坞,几乎每天都能收到塞林格的来信,尽管这些情书温暖又机智,但过于频繁又令其魅力大损。

这段关系看上去没结束,其实是结束了。如果你处在杰里·塞林格的位置,堕入情网,又身陷佐治亚州的陆军基地,女友却在好莱坞进军大银幕,那无论怎样勉力维持,也只能等待被他人取代,恋情因此毫无悬念地告终。

取代者是一位当红偶像,塞林格的痴迷随即转变为仇恨。试问,如果取代者是一位著名演员,全世界最受爱戴、最高光的人物之一,身为前任的你会作何感想[1]?

11月,塞林格满心焦虑地写信给默里。这位书写者一贯作风细致,打字从无拼写错误,甚至连手误、涂改都不

---

[1] 取代塞林格成为乌娜·奥尼尔丈夫的是查理·卓别林,时年卓别林54岁,乌娜18岁,身为岳父的戏剧大师尤金·奥尼尔从此再没跟女儿说过话。

会有，让人印象深刻。但这封信却一反常态地出现了修改，在一个单词上打了一个叉。塞林格用自己的工作消息来取悦默里，说霍顿·米夫林[1]曾写信鼓励他加入下一次的奖金竞争。但这并不能让战争结束，塞林格揶揄道。

他在信中提到一则现已遗失的短篇——《赖利的无吻生活》，主人公似乎是一位被困于陆军基地的失恋士兵。塞林格声称这个短篇的灵感源自他对"自杀"和"自我谋杀"之间区别的思考。他很怀疑编辑会喜欢这篇小说，事后证明他完全正确。

在这封信的结尾，塞林格脱口而出：如果乌娜愿意嫁给自己，他会毫不犹豫地娶她。他还幻想自己带着《科利尔》杂志开出的稿费，奔去好莱坞向对方求婚。

六个月后，6月11日，塞林格仍旧在给默里的信里填满了刻薄自卫的调侃，嘲讽乌娜将内衣乱丢在查理·卓别林的公寓里，并宣布自己终于意识到对乌娜的想法统统遥不可及——意思是说，他从这段感情中走出来了——随后又补充说，真想在阿格尼丝的屁股上狠狠踢上一脚，甚至挖苦卓别林是"老前列腺"。

塞林格在努力走出这段感情阴霾。大约六周后，7月19日，他又写了封信，冷酷渐消，但仍可以感受到这位被拒绝的爱人一旦想象乌娜和卓别林的床第之欢时的那种痛

---

[1] 霍顿·米夫林（Houghton Mifflin）：美国著名的教育出版商之一。（编者注）

彻心肺。他将卓别林身体的某部分比喻为"一只死老鼠",这是发自心底的邪火。最后,他崩溃了,为自己说了这些话而后悔道歉。

塞林格写给伯内特和默里的这些信充满预兆。塞林格急切寄送出的这些文字,像奇崛的戏剧景观和渐进的歌剧高潮,跟他的早期短篇一起,势必成为伊恩·汉密尔顿传记的绝佳素材,也随之触发了塞林格诉讼案,以至于我们很难再将它们视作书信,而是重要的文献资料。

乌娜曾和闺蜜卡罗尔·马库斯相聚在洛杉矶,后者当时与新入伍的丈夫威廉·萨洛扬正值蜜月期,两人疯狂通信,他每天来一封,并嘱咐卡罗尔每天回信,这让卡罗尔难以招架慌乱不已。乌娜漫不经心地提到自己也被塞林格的来信围攻,里面有不少不错的句子,卡罗尔为什么不拿去摘一点呢?

于是卡罗尔摘抄了塞林格的情书,用自己的名义寄给了丈夫,塞林格因此助攻卡罗尔·马库斯成为了"大鼻子情圣"[1]。十年后,在查理·卓别林的游艇上,卓别林夫妇和萨洛扬夫妇相聚甚欢,他们用出奇简化的方式为这出情书剽窃的戏码划上了句号:萨洛扬挥舞着一本《麦田里的

---

[1] 《大鼻子情圣》:让·保罗·拉佩纽执导的一部爱情片,故事的主人公西哈诺是一位才华横溢的诗人,喜欢表妹罗珊,但是由于自己丑陋的大鼻子而不敢表白。罗珊爱上的卫兵克里斯蒂安则是个不学无术的人,他请西哈诺代他写情书。(编者注)

守望者》从客舱里走出来,感叹塞林格这孩子真能写,卡罗尔和乌娜当场揭秘这段往事,众人随即哈哈大笑,冰块敲击着玻璃杯,叮当作响。

26 粉丝

1941年9月,来自多伦多的年轻女子玛乔丽·希尔德写信给塞林格,咨询有关如何发表作品的建议。

希尔德与塞林格年龄相仿,读过他的作品,包括《窍门》以及刊登在《科利尔》、《时尚先生》上的《破碎故事之心》。那年初,塞林格在给伊丽莎白·默里的信中,诉说苦闷和诸多乏味琐事,上述短篇也在这一期间发表。

塞林格思绪万千:他终于收到粉丝来信了,而十八个月前他还坐在惠特·伯内特的课堂上望着窗外一脸茫然。杂志的稿酬虽不失丰厚,可他的通信地址仍然是公园大道1133号。

塞林格开始回信,前后九封。他彬彬有礼地奉承这个奉承他的姑娘,语气饱满激昂,像初登冰场的少年。偶尔失去平衡会有些手忙脚乱,但作为一名专业的"舞者",塞林格从未失手。仅有一次,他突然递出一封简单粗暴的邮件,要求希尔德寄赠相片。这个唐突的要求就像在约会中始终矜持的男人,最终不能自持冲向伴侣。

希尔德很快又收到一封,塞林格在信中痛表懊悔并为自己的不当行径道歉。

除去自己手头的一些胡乱涂鸦,或因有多部书稿并行,塞林格的书面一定是整洁规范的,不会有错别字。即便是些与粉丝间的公式化交流,但蔓延在字里行间的温暖,由表及里的深意,仍体现出塞林格非凡的写作功底。

这些信件一开始被冠以如下标题:"塞林格对年轻女子的邮件忠告和鼓励",这个长句在信纸边缘拐了个弯,绕开了信纸龙纹和瓦萨学院的女孩图案。他的诸多建议,或者说他余生给女性的所有建议,通常都是建议她们不惜一切代价远离常春藤联盟的虚伪,遵从自己的内心直觉。

塞林格建议希尔德先向小型杂志社投稿,比如《十年》、《堪萨斯大学评论》、《小姐》。从小杂志社那里赚不到钱没关系,文学名声才是最重要的,他暗示。塞林格当然知道钱很重要,在自己身上从不会这么烂漫。他选择舒舒服服地住在父母的公寓里,因为那是他唯一可待的地方,不然只能靠《小说》杂志的 25 美元稿费过活,还常常要告扰到伯内特。

对于一名写作者,遵从内心拒绝逢迎,专注创作而心无旁骛——这自然是永不过时的忠告。尽管塞林格自己没照做,也不能因他给出类似建议而对其横加指责。希尔德在《科利尔》杂志上读到的《窍门》,是一个虚构的军队寓言，塞林格几乎没费多少功夫，他曾跟伊丽莎白表示可以忽略这篇，因为早期写那些军事题材更多为了让自己出名。

"索照事件"见证了塞林格和希尔德信件来往的跌宕，混乱也由他一手造成。塞林格的悔恨来得强烈又自然，近乎在乞求她的原谅，生怕她移开对自己的关注。这已经不是简单地出于礼貌，而是塞林格真实的内在诉求。

粗鲁举动导致的尴尬，被自省或自嘲所化解，这一能力恰恰是塞林格艺术及人生最闪亮的标志，它在文学创作中光芒四射，在日常生活里也足够耀眼。希尔德给塞林格寄了张照片，他回信说她很美。接着表示自己人在外地，身边最后一张照片又恰巧给了杂志社，但承诺一定会寄一张自己的相片给她。这听起来有点不可思议。塞林格对希尔德美貌的恭维和对创作的鼓励，都介于父亲般的支持和男女调情之间危险又迷人的交界处。

塞林格曾写信让希尔德留意他即将在 1941 年 12 月第一周出版的《纽约客》上发表的一篇小说，故事用第三人称写就，主人公名叫霍尔顿·考尔菲德。随即珍珠港遇袭，杂志社临时撤稿。没人知道编辑部花了多久做出这个决定又是怎样与作者沟通的。1941 年 12 月 11 日，也就是塞林格得知撤稿消息后没几天，他写信给《纽约客》的威廉·麦克斯韦尔，说手上还有一个关于霍尔顿的短篇，但暂时不打算投稿，并明确表示自己不会再写霍尔顿系列了。但就像那些风衣翩翩的手表推销客，塞林格又说打算给麦克斯韦尔寄去另一篇小说，主人公是一个上预科的胖男孩和他的两个冒失姐妹。

27 楼上的女士

有些声音会引你去往未知处,我第一次听肯尼·卡尔施泰因谈起塞林格的姐姐多丽丝时就是这样。1968年,当他来到布鲁明戴尔百货公司,多丽丝·塞林格的职业生涯已达顶峰并开始走下坡路。

"多丽丝·塞林格来自另一个世界,"他说,"她是会搭乘玛丽皇后号豪华邮轮去欧洲参加时装发布会的那类人!她做过布鲁明戴尔的时装总监,后来成了格林屋的时尚买手。"

"格林屋是指百货公司的时装部吗?"我问。

"这个国家已经没有时装了,"肯尼回答得有点生硬。格林屋是布鲁明戴尔百货公司的一大特色,汇聚了当时最顶尖的服装设计师品牌。60年代末,多丽丝卸任并接管了大码服饰部,肯尼说"她那儿的衣服尺码简直让我惊呆了"。

肯尼提议多丽丝多去分店巡视,别成天盯着59大街的旗舰店不放。而此时多丽丝却在谋求新的职业方向,故一拍即合,两人每周四会开车去新泽西肖特山巡店,或到其他地方转悠下,那情形有点像零售业的《为黛西小姐开车》。

她可曾在这些悠闲的长途旅行中谈起过自己的弟弟呢?

"她是一个非常世故的女人,很了解弟弟。她会数落自己的侄女,但从不抱怨弟弟。从不!"

那他的作品呢?

"她告诉我她弟弟曾经写到过她,说'《弗兰妮与祖伊》就是我们姐弟俩。'"

在这本传记动笔之际,我对这个现实中的姐姐充满好奇。因为塞林格在他小说中总以最生动、最富有同情心的语言刻画主人公的姊妹,多丽丝是否就是她们的原型呢?《麦田里的守望者》里霍尔顿·考尔菲德的妹妹菲比是如此生动可爱,她拖着行李箱去找霍尔顿,想和哥哥一起踏上旅途,这一幕无疑是塞林格笔下最令人难忘的场景之一。

接着便是《弗兰妮与祖伊》里的弗兰妮·格拉斯,一位光华夺目却莫名崩溃的女主人公。弗兰妮的光华延伸到了书籍本身,塞林格甚至亲自过问了装帧设计,前后否定了17种用于封面的不同明度的白色,直到出版商小布朗出版社终于寄出一份他心仪的色卡——就是那种刷墙用的纯白色。出版商没少焦头烂额。

在描述男朋友在火车站台见到弗兰妮时,塞林格就赋予了她魅力:

弗兰妮是最先下车的几个女孩之一……不管他在脸上做着什么样的实验,他那只伸向半空的手臂还是说明了一切。弗兰妮看到了他的手,看到了他,便使劲地挥舞起自己的手臂。她穿着一件剪过毛的浣熊毛皮大衣。赖恩快步向她走去,脸上依然不动声色,他压抑着激动之情,心里暗想自己是整个站台上唯一认得女朋友的衣服的人。他记得那次在一辆借来的车里,亲了弗兰妮大约半个小时之后,他又亲了她的大衣翻领,仿佛它是大衣主人身体的有机的延伸部分,同样叫人神魂颠倒。[1]

质地、面料、款式,能通过文字将服饰成功融入角色气质的作家凤毛麟角,塞林格是其中一位。以下是他早期作品的开篇,主人公依然是霍尔顿·考尔菲德,这个短篇比《麦田里的守望者》早出版十年:

假期里,一身切斯特菲尔德长大衣搭配 V 字顶礼帽,是潘西预科学校男孩("那里一个教官对十个学员"),霍尔顿·莫里西·考尔菲德最常见的行头。认识他的女孩们乘坐巴士路过第五大道,总觉得撞见了霍尔顿正路过萨克斯百货,恰好出现在奥尔特曼百货门口,或者干脆在洛德泰勒百货前闲荡,但那通常都是别人。

---

[1] 译文出自人民文学出版社 2009 年 7 月第一版,译者丁骏。(编者注)

接着我们可以从与之呼应的下一段落中发现另一位小说人物萨丽·海斯，她也正享受着自己预科学校的假期：

> 假期里，身披全新的银灰蓝麝鼠皮大衣，不戴帽子出门，是玛丽·伍德拉夫预科学校女孩萨丽最常见的行头。认识她的男孩们乘坐巴士路过第五大道，总觉得撞见了萨丽正路过萨克斯百货，恰好出现在奥尔特曼百货门口，或者干脆在洛德泰勒百货前闲荡，但那通常都是别人。

塞林格描写纽约百货商店的方式，和他书写中央车站、自然历史博物馆、中央公园这些纽约地标的方式如出一辙：它们不是用来瞻仰的"纪念碑"，而是主人公们生活于兹的地方。这样，他姐姐多丽丝曾在布鲁明戴尔百货工作过这件事才变得有意义。

塞林格能将服饰和外表提升到唯美境界，同样，他也擅长把因不在场造成的想念转化为诗歌——霍尔顿如此想念他过世的弟弟；格拉斯家族的成员，弗兰妮、祖伊还有其他人。他始终生活在西摩自杀的阴影中。这样，我对多丽丝日渐强烈的好奇心也说得通了，因为她缺席了一个熟悉的场景。1972年的一天，在开车回新罕布什尔乡下前，塞林格冲进布鲁明戴尔百货公司囤购熏鲑鱼，同行的女友对他不上楼去和姐姐打个招呼的做法深感纳闷。

塞林格只回了一句："一点亲情走一世。"

第一次读到这句，会深感塞林格的冷漠。乔伊斯·梅纳德回忆她那年 19 岁，塞林格则 53 岁。有足够的理由相信是他不愿意把乔伊斯介绍给姐姐，至少不想在多丽丝的工作时间这样做，但他进出百货公司时多丽丝就在楼上这个事实总令人心酸。在格拉斯家族的系列故事中，母亲被刻画成整天盼望着儿子的来信和消息，而祖伊总会因此尴尬地回避。沉默的兄弟、失联的儿子，这样的亲情关系多次出现在塞林格的作品中。

被肯尼·卡尔施泰因唤起的记忆，引领我去往塞林格的作品，了解多丽丝·塞林格的真实生活，同时又回到与我生活重合的原点。我的整个童年，直到二十多岁，圣诞节都是在家人朋友举办的聚会上度过的，他们和我一样是犹太人，多数客人也都是犹太人。在这样的大型聚会上，我的注意力都集中在和自己年纪相仿的孩子身上。如今回想起来，无论什么时候，总有一群被我们小孩子称为"饺子"的成年人，早早地舒舒服服地坐在客厅里旁观着眼前的聚会。

很多时候，成长意味着理解这些成年人的生活，这种理解在撰写父母那辈人的传记时会有所助益。在那群"饺子"中，有个名叫弗里齐的女人，她是唐·迈耶斯的姨妈。正是唐和妻子海伦举办了那次圣诞聚会，他俩都是精神分析学家，也是我父亲在哥伦比亚大学精神分析学院的同事。唐还是个小男孩时就成了某种意义上的孤儿，从寄宿学校到大学都是姨妈在照顾他。

"姨妈弗里齐是我母亲的妹妹。"唐解释道。"我母亲患有妄想型精神分裂症,在我两岁时就入院治疗了。家里人对父亲隐瞒了母亲曾在山地医院接受治疗的事实。她很美,天赋过人,会唱歌会弹琴,她的处女秀是在卡内基音乐厅,不过婚后就再没有登台过。弗里齐没有孩子,丈夫原来很有钱,但遇到了经济大萧条,倾家荡产,我外婆家也是。弗里齐开始经商,而且很成功。"

"我从寄宿学校回来都会陪着她,她在这个城市神通广大,任何人需要帮助都会来找她。"

唐在纽约实习时,弗里齐会带着他和其他成功的女强人共进晚餐,这些女性大多是买手,其中就有多丽丝·塞林格。于是我向唐打听起多丽丝。

"她是一个漂亮的女商人,非常开朗,和我姨妈关系非常好。"

那是 1951 年,多丽丝刚结束第二段婚姻。同年,塞林格邀请她一起去新英格兰买房。后来塞林格在新罕布什尔乡下买了一套,在那里一住就是将近六十年,直到 2010 年去世。

"她曾说起过她弟弟吗?"我问。

显然她说过。

"她说,他沉默寡言,很古怪。"唐回忆。"她经常抱怨塞林格太孤僻,而她则完全相反。我觉得多丽丝经常和我提及弟弟是因为我是精神分析学家。我很早就读过《麦田里的守望者》，可能在认识她之前就读了。她一直深受困扰，很想跟我聊，想知道姐弟间到底哪里出了问题。"

听到这里我既心疼又振奋。心疼的是，多丽丝原来如此关心自己的弟弟。振奋的是，这些坚韧独立的女性在一起享受晚餐和演出，工作之余还心心念念着弟弟。而弟弟，似乎只有在开始关注有姐姐存在的外部世界时，爱才会浮现。

28 乔伊斯·梅纳德

塞林格和乔伊斯·梅纳德因信结缘。她在《纽约时报》头版发表过一篇短文,旁边配有她在耶鲁大学的入学新生照。在她大量的读者来信中,有一封很特别,署名是塞林格。

梅纳德在《我曾是塞林格的情人》一书中写道,二十五年来她始终迷恋塞林格,甚至分手后也依然爱他,写他。她知道自己会因为曝光塞林格的隐私而遭受非议,而最终促使她写成这本书的动力是女儿,女儿正当大学升学的花样年龄,和梅纳德遇到塞林格时一般大。没有人像梅纳德那样做过她为女儿所做的,即便梅纳德的母亲也没有。

很多作家身上有一个盲点,它既是对作家天赋的否定,又是其灵感的起点——善于描述自己的经历,却无法看清自己——梅纳德就是这样的作家。

她和塞林格的恋情维持了九个月,相遇时她19岁,他53岁。当年的邮件往来中,塞林格称她为"小女生",并暗示说自己会不时向这些"小女生"求婚,对方也都会接受——这句话暗合了《冲出麦迪逊的轻度反叛》那句可爱的开头：认识他的女孩们乘坐巴士路过第五大道，总觉得会撞见霍尔顿正走过萨克斯百货，恰好出现在奥尔特曼百货门口，或者干脆在洛德泰勒百货前闲荡，但通常都是别人。如今的塞林格不会再这般看待年轻女孩了。

梅纳德的回忆录用的是现在时，一字一句把发生在自己身上的往事串联起来，读来略显平淡干涩。但有关她父母及出生家庭的那些段落却异常复杂生动，力透纸背。有点反讽的是，梅纳德的书获得关注是因为塞林格，而它最有价值的部分却是她对母女关系和一位失败母亲的剖白。它们指涉了背弃，梅纳德母亲的背弃，一切又当然的源于梅纳德父亲的疾病和陋习，尤其是酗酒。母亲犯下的最大错误是偷了梅纳德的日记，从日记里发现 12 岁的女儿在抱怨和痛斥父亲，然后直接在上面留下了一段话。梅纳德打开日记，发现的不是日记被人翻阅的痕迹，而是一段明确指责她误解了自己父亲的留言，批评她总抓着父亲的小缺点不放而无视其优点。梅纳德的母亲因此扮演起审查员的角色，潜台词是"忍忍吧"，让人联想起塔库伊·萨洛扬把 3 岁儿子威廉丢在孤儿院时丢下的那句惊人之语——抛弃他是不够的，还要在分别时加上一句"别哭"，不是安慰，而是警告。如果说偷看女儿日记是乔伊斯·梅纳德母亲犯下的最大错误，那么当 53 岁的著名作家写信和她 19 岁的女儿调情，令女儿退学，甚至退出正常生活搬去对方的山间别墅同居时,梅纳德的母亲所表现出的无动于衷则是她犯下的第二个错误。对于梅纳德,这不是夸大其词,身为母亲完全可以阻止这一切的发生。

梅纳德的父亲是新罕布什尔大学的英语教授,也是一位失意的艺术家。母亲则是一名灰心丧气的大学讲师,富有同情心,反对战后美国社会可怕的条条框框。她几乎算是一个因文化幽闭恐惧症而反对塞林格作品的女斗士,可塞林格依然凭借女性杂志,在这个糟糕但有利可图的文学圈成就不凡。这对父母,在女儿的情事上有点缩手缩脚,他们的犹豫显然源自于面对成就与名利时的矛盾心态。

梅纳德并没有察觉到父母可能有些怕她,怕她的能量、意志和领悟力。18岁的她已经在专业领域让双亲黯然失色,她青春可爱的脸庞甚至出现在了《纽约时报》的封面上。和埃斯米一样,她也是后来才发现自己纤细的手腕上戴着男士手表。梅纳德不仅是封面人物,也是作家。她的散文《十八岁回顾人生》写的正是她这一代人:新人类。人们后来都这么称呼年轻人。

梅纳德没有深入探讨的是,在父母是否干涉她的恋情上举棋不定时,她自己的私心究竟为何。她的私心来得太晚了,她一直想要个孩子,塞林格却在佛罗里达度假时告诉她这事不可能,两人因此在海滩上发生了争执。她独自飞回新罕布什尔的空巢,取走自己的所有东西。母亲开车来接的她,帮她搬的行李。她出门前还特意盛装一番,穿着一双时髦的高筒靴。梅纳德看着精心打扮的母亲一路驶过厚厚的积雪出现在家门口,这画面总让人心生揣测:女儿要离开这个大人物了,即便是暂时的,母亲是否会不自觉表现出一点欢欣鼓舞呢?对此我们不得而知。现在,就算塞林格没有和她道别,梅纳德也要永远离开他了。又或许母亲为自己没能插手他们9个月的感情,没能阻止他们接吻而自责,而此刻则为期待已久的分手而窃喜。她特意打扮一番,是为了庆祝女儿终于摆脱了那个53岁,让人生厌的,吃饭有怪癖的"文学传奇"。

梅纳德这本传记的封面用了她小时候的一张照片。坐在椅子上的梅纳德,稚嫩单薄,胸前一马平川,一个含苞待放的小姑娘。身后是她的母亲,成熟性感,渴望的双唇透射着智慧和野心,即便这智慧和野心颇难定向,不知是为自己还是为了身前年幼的女儿?电影《洛丽塔》的导演斯坦利·库布里克或许可以考虑拍一下塞林格和梅纳德的故事。塞林格辗转留给梅纳德的"礼物",正诱惑着那些想探寻他私事的读者,他们并不关心她的文采如何,也不关心塞林格之外的其他人事。

搬到科尼什后的第一年,塞林格几乎整天和当地少年混在一起,成为他们中的一员。《时代周刊》的记者们追到科尼什,在小镇里四下查访,但多数人保持沉默。根据汉密尔顿的记录,《新闻周刊》的梅尔·埃尔芬曾访遍这个小镇,承诺隐去受访者的真实姓名,结果塞林格直接关掉了他的杂货店和五金店,与一些人断绝往来,深居简出。

还是有几名年轻女性接受了《时代周刊》的采访,她们都表示父母在谈起塞林格时会有不安,不是担心他利用她们,而是担心他"用"她们来写作。这种担忧是否只是为了掩盖性恐惧,抑或"用过"(used)这个词,在一些人看来,就是性意义上的"利用"。我不太确定,可能二者兼有。

29 1945 年：战争结束

1945 年 7 月，随着抑郁、错乱症状的不断恶化，塞林格前往纽伦堡一家医院接受治疗。"他从头疼到脚，所有痛区似乎都连着，像一棵圣诞树，树上的灯泡都串联一气，只要有一只灯泡出了毛病，其他的也都不亮了。"（摘自《为埃斯米而作》）

《塞林格传》的作者坎尼斯·斯拉文斯基这样描述塞林格的那段痛苦：

> 1945 年 4 月 22 日，塞林格所在的师在洛斯堡镇打了一场异常艰苦的攻坚战，随后开进一个三角地带，位于巴伐利亚的奥格斯堡、兰德斯堡和达豪之间，距离三地各有 30 公里左右，设于其间的 123 个收容营地组成了"达豪集中营体系"。据目击者讲述，几英里之外都能闻到那里的恶臭。
>
> 4 月 23 日到 28 日这几天，塞林格所在部队要驻扎在达豪集中营营区的五个不同的镇子上。
>
> 4 月 28 日，塞林格先是在奥格斯堡游动，之后很可能驻

扎在伯宾根，这里既是师部也是团部驻地，与臭名昭著的兰德斯堡集中营、考夫林四号营分别相隔20公里和15公里。

4月30日，希特勒在柏林自杀，第12团从位于兰德斯堡和达豪之间的维尔登洛兹渡过安珀河。这条行进路线使塞林格所在的师穿过了豪恩斯泰腾地区，这里有全德国最大的集中营，也是梅塞施密特战斗机制造厂的所在地，人们在此受到残酷奴役。

斯拉文斯基写道，团部每天都用一种极端矜持的口吻陈述报告，"像是始终处于惊恐当中"。

当522野战炮营与第12团会师时，522炮营的一名士兵在私人日记里记录了一些细节：

> 大门打开，我们第一次看见里面的囚犯。大多是犹太人，身穿黑白条纹囚服，头戴圆帽，有几个人肩上披着破烂的毯子……大门打开之后，犯人们挣扎着站起身，拖着沉重的步伐从里面走出来，瘦得不成人形。[1]

塞林格从不回忆这些。他经历过战争，看过太多士兵和集中营犯人，他觉得自己目睹的一切都不该被再次提起。

---

[1] 1945年4月29日，今村一郎（Ichiro Imamura）中士的日记，引自斯拉文斯基的《塞林格传》。原文摘自皮埃尔·穆兰所作《达豪、大屠杀与美国的日本武士：第二代日裔美国士兵第一次经历达豪集中营》（印第安纳州，布卢明顿：作家出版社，2007）第125页。

但作为反间谍工作者,他恰恰是第一个走进刚解放的集中营的。

"你大概一辈子都无法把火烧人肉的味道从鼻子里去掉。"他对女儿说。

只要读过塞林格的战争小说《一个在法兰西的小伙子》,或其他描写战场士兵的文学作品,就不难想见,无论出于生理还是心理,对于战争的恐惧会紧紧附着于那些家里寄来的思念之物。而塞林格每周都会收到母亲亲手编织的羊毛袜,"这些袜子救了我的命。"他对女儿说。那年冬天,有将近四万五千名士兵因为战壕足病撤离前线。

塞林格的战时经历也穿插着不少趣事。1944年8月25日巴黎解放那天,他是第一批进入巴黎的美国军人中的一员。他写信给惠特·伯内特描述当时的情景,巴黎人拿着一杯杯阿玛尼亚克酒冲向士兵们。塞林格在巴黎遇到了海明威,两人讨论了塞林格的作品《最后一个假期的最后一天》,海明威曾向他索赠这本书。让人好奇的是,当海明威读过那段母亲为儿子端来牛奶和蛋糕并"充满爱意地注视着对方"的描述后会作何感想。要知道海明威和塞林格都擅长刻画士兵们迷茫的心理状态,这些士兵目睹过战争的恐怖,却还要在战后尽力融入已全然陌生的家乡景致。

巴黎解放后,又连着发生了两场战役,许特根森林战役和突出部战役,残忍程度和死亡人数一度成为"二战传奇"。玛格丽特在她的回忆录《梦幻守望者》中记录了这两

场战役中发生的事——

塞林格的家人和朋友都担心他会战死或被俘。1944年12月26日，塞林格太太[1]接到电话，对方表示"塞林格一切都好。"1945年元旦是塞林格上士26岁的生日，关于这天和接下来的三个月，师长写道：

> 那些天里，冰雪开始融化，地上凸露着德国士兵和美国士兵的尸体，在冬季战役中倒下的他们，被冻成了各种奇怪形状。成千头死牛遍布田野，被毁的车辆和曾被用来拉补给车的敌军死马横在道路中央。大多数城镇被部分或完全摧毁，满目废墟，无人过问。一些房间的角落里堆积着人的粪便，里面发生过肉搏，整座建筑成为一封死亡邀请函。德国这一地区——德国、法国、比利时三国交界处以北——是第12团战斗过的最肮脏的地方。

快到纽伦堡时，战争结束了。1945年5月5日，第12团宣布最后一场战役已在几天前结束。"位于诺伊豪斯的赫尔曼·戈林城堡中的第12团战地指挥部随即开放"，整个地区一片混乱：数千人在解放后无家可归，而像塞林格这

---

[1] 这段回忆让人印象深刻，平静的叙述是玛格丽特·塞林格回忆录《梦幻守望者》的特点之一。一通电话送来了宽慰，也带来了焦虑，但我满脑子都是疑问，想知道为什么玛格丽特没有提及其他家人，他们可都在场。索罗门怎样了？他苦恼吗？他接到电话了吗？他是否也在那里？在书中，索罗门成了一个隐形人。

样的情报人员则"整天忙碌不堪"。

《为埃斯米而作》中的 X 中士想写一封信回家,彼时他正在努力适应眼前恐怖的一切,甚至无法辨认自己的笔迹。据玛格丽特说,像 X 中士一样,塞林格的笔迹也有过翻天覆地的变化。"父亲从纽伦堡医院出院后,写信给美国的朋友和家人,他在信中(我在国会图书馆读到过)的笔迹变化之大让人毛骨悚然。字迹截然不同,就像我完全认不出父亲那张熟悉的脸。"[1]

玛格丽特·塞林格坐在图书馆里研究自己的父亲,开始对过世或曰缺席的父亲有了不同的看法。塞林格在得知女儿计划出版回忆录后就不再和她说话,而她觉得自己分明是在写一本关于自己的书,她有权写出来。(命运的有趣之处在于,玛格丽特的回忆录和乔伊斯·梅纳德的回忆录分别于 2000 年和 1998 年出版,她的书有时就像在和梅纳德的书交谈,让人尴尬,其实有关玛格丽特·塞林格的一切都会让人尴尬。)塞林格还在世时,玛格丽特就认为他死了,这种想法恰恰和当年塞林格对待他父亲的态度如出一辙。1955 年,杰里·塞林格与克莱尔·道格拉斯在科尼什结婚时,母亲米里亚姆和姐姐多丽丝都在场。但索罗门,那位父亲却不在。

---

[1] 这是玛格丽特·塞林格回忆录的又一特色,她模仿了父亲有名的斜体字写法。对我而言,这个特色就像其他特点一样没什么吸引人的,她平时并没有写斜体字的习惯。

事情可以追溯到1934年,那年多丽丝和米里亚姆陪塞林格去福吉谷军校面试,斯拉文斯基推测索罗门应该也在场,他是因为担心被认出是犹太人而瞒着家人偷偷同行的,他的缺席是因为对儿子的爱。但他回避儿子婚礼的做法,似乎又让这一爱的论调站不住脚。

30　1945 年：纳粹新娘

1945 年 10 月 30 日，身在德国贡岑豪森的塞林格给伊丽莎白·默里写信，对她的关心和祝福表示感谢。他之前的一封信是告诉她，自己和一个叫西尔维娅的女人结婚了，而他远在美国的亲友对这个西尔维娅尚一无所知。而今从他的回信可以看出，如默里这般热情诚挚的回复实属少见。人们只能想象，如果一个母亲在听说儿子娶了一个自己从未谋面的女人回家后会作何反应，显然塞林格不打算回纽约迎接一场势在必行的"期待已久的团圆"。

和默里通信，显然令塞林格颇感宽慰。她既是朋友又是"同伙"，也是一位如父母般亲密——至少关系不差——的人。塞林格对西尔维娅的"聪慧、美丽、时髦"从不吝溢美之词。

他在信中不动声色地展示着荒诞的幽默感，虽然听着有点生硬。他说他和西尔维娅有足够的煤和花生罐头。（一个月前他刚退伍，又和美国陆军部签了六个月的合约。）说他们有圣诞树，部队还提供大火鸡，当地庆祝圣诞节的风俗是互扔臭鸡蛋。

他提到他们买了一辆跑得飞快的运动型斯柯达，还买了一条叫本尼的狗，又黑又大，会坐在侧踏板上，对着它想"逮捕"的纳粹党们吼叫。最后这句话显然是为了驱散自己内心的忧虑，塞林格很清楚西尔维娅的国籍和她在战时所做的事情。

西尔维娅和塞林格同岁，1919年4月19日生于法兰克福。她的学历比塞林格高很多，精通德语、英语、法语和意大利语。身为眼科医生，西尔维娅写过一篇题为"阿扑吗啡的直接循环作用"的论文。阿扑吗啡由盐酸和吗啡混合而成，用于催吐、戒除海洛因。如果这些信息还不足以让你重视并琢磨一下的话，塞林格在五年前写给默里的信中提到的一个诡异玩笑则应提起足够注意，他在信里说西尔维娅和她母亲不再给学校孩子们分发海洛因。

莱拉·哈德利，塞林格在四十年代末认识的朋友，曾谈起塞林格和西尔维娅之间"特别的默契"。他说"每次去别的地方，他们两人会面谈至灵魂出窍，而事后两人又完全对得上词儿，这让人兴奋又困惑"。

多部传记将西尔维娅说成法国人，可能是因为他们去纽约旅行时，西尔维娅所持的假护照是法国的——这很好理解，当时德国人被禁止出国旅行。西尔维娅的假护照是她丈夫，前情报人员塞林格提供的。

根据多丽丝·塞林格的回忆，除了弟弟所说的一些特点——高挑、坚毅、洒脱之外，西尔维娅是个"高高瘦瘦的女人，一头黑发，皮肤苍白，涂着血红的唇膏和指甲油"。

"她特别德国，"多丽丝继续补充侄女玛格丽特的看法，"长相严肃，下巴内收，上扬的眉毛好像绕过变焦眼镜，直直地望进我的眼睛。"

西尔维娅到底是怎样的德国人？答案是，一名底层纳粹。塞林格在执行反间谍任务时遇到的她。更离奇的是，战后塞林格曾签了六个月的合约与占领军共事。一封从纽伦堡寄出的家书证明，他的工作很可能与纽伦堡审判有关。作为一个经过受诫礼的犹太男孩，塞林格白天忙着纽伦堡审判，晚上却在吗啡的刺激下和漂亮的前纳粹女党员上床。对有着一半犹太血统的美国士兵而言，也算是恢复"战争疲劳"的一种方法。我是不是太耸人听闻了？

"超现实主义"继续发酵。塞林格带着西尔维娅回到了公园大道1133号，不仅见了父母，还和他们住到了一起。

塞林格秉性如此，从不循规蹈矩：一个从战场归来的老兵，娶了自己审讯过的女人，带她来到童年家门口拥抱他的老母亲，向家人介绍初次见面的新娘。新婚夫妇和父母同住在当时并不罕见，况且在父母看来，和儿子儿媳一起生活会勾起他们年轻时的回忆，他们也曾和自己的父母住在一起。塞林格的祖父母很不喜欢他的母亲米里亚姆，主要因为她不是犹太人，当时她还用着本名马乔里。即使塞林格反感父亲索尔，但也不得不承认自己的婚姻状况与父亲如出一辙。或许出于某种不自觉的好胜心，塞林格在婚姻方面甚至超越了父亲：索尔只是把一个红发苏格兰德国混血新娘带回家，而塞林格则直接把一个纳粹[1]娶了回来！

玛格丽特在回忆录中提到，父亲塞林格没有透露过这个惊人的真相。

不过至少他的确娶了一位非犹太裔女子。

塞林格二战后迅速如愿成为当红作家，可心下没少困惑。惠特·伯内特游说他出版小说集，结果利平科特出版社的赞助商们不愿投资，塞林格为此对伯内特颇多怨责，甚至打算放弃出版。西蒙舒斯特出版社的唐·康登却很起劲，却又无奈塞林格自陷瓶颈，完全写不出来，独自为战争和创伤暗地加冕。他不得不生活在苦涩的讽刺中——只有回家才能拥抱故土，可家乡的一切已格格不入。这是塞林格尽可能逗留在欧洲的原因，也是维系他与西尔维娅的纽带——他俩都经历过家乡人无法想象的时艰。面对给自己的小说提供了大量素材的纽约，塞林格感触颇深，但历经战事后，眼前的城市已变得陌生和沉重。对塞林格来说，要以这样的心绪回归纽约生活，是完全行不通的。

---

[1] 索尔对非犹太儿媳的态度显然比当时他的父亲对米里亚姆的态度要宽容许多。

这几乎是双重流放：一是流落在外，目击战争两年；二是自我流放，无法直面人世众生，也再无法消受少时故土。当然还要加上他和西尔维娅的情欲关系，从某种意义上来说，两人都是流亡者。一些传记指出，两人的离婚原因是西尔维娅无法适应美国的新生活，一个奇怪的结论。西尔维娅并非不适应美国或纽约，而是不适应和米里亚姆·塞林格一起的生活。米里亚姆已经期待儿子回家整整两年，如今却要面对一个"闯入者"。

基本上没有传记记录下索尔在两对夫妻共处一室时说过些什么，我们可以推测，那是因为他根本没说过什么，或者没人愿意听他说些什么。

西尔维娅坚持了不到一个月。某天早餐时，她发现盘子里放了张机票。塞林格跑到佛罗里达的代纳海滩去了，他"在海上"用喜来登大酒店（以前叫"克莱伦登酒店"）的信纸给伊丽莎白·默里写信，说这场婚姻太失败了，两人的结合只会给彼此带来苦恼。这说法不太可信，但塞林格经常在默里面前表现出自己最好的一面，所以当时的他一定觉得必须毁掉一切浪漫，悲伤才会随之而去。

1947年，塞林格完成了两部精彩的重要作品：《没有一点腰身的年轻姑娘在1941年》以及《我认识的一个女孩》，他的婚姻也随之走到尽头。两部小说的故事背景都设在战前，带有自传性，并掺入了些难以想象的战前经历。不过《没有一点腰身的年轻姑娘在1941年》把时间设定在

"人类堕落"前,早于那些血腥的搏斗和战争的恐怖,而《我认识的一个女孩》则填满了几年间的战争创伤。在后者的结尾处,约翰漫步走过狼藉一片的废墟,那里曾是他犹太爱人的家,"我走到窗边,推开它,往下看了看莉娅曾经站过的那个阳台。"

这句话太符合塞林格的文风了,他一直擅长以简洁但富有深意的句子来表现浩劫。最小的细节,最大化的效果,这种"顺势策略"在塞林格三联画的第二联中体现得最为淋漓尽致,被直接运用在《为埃斯米而作》和《我认识的一个女孩》等作品中。

这两个短篇的诞生同他们离婚是平行的,期间充满争斗和胡闹,塞林格几乎无法展开写作。这段婚姻给人的印象充斥着混乱、狂喜及情欲,爱情已经偏激到像是两人之间的阴谋。他们心中的秘密唯有与对方分享,而其中一部分泄密于《我认识的一个女孩》结尾处:约翰出差回到维也纳,想搞清莉娅的下落。"另一个士官也是维也纳人,站得规规矩矩,他告诉我维也纳犹太人遭遇了多么可怕的折磨。我从未见过像他这样气质高贵又充满同情心的人。纯粹为了戏弄,我让他把左袖挽起来,直到露出靠近腋窝处的纳粹党卫军文身。"

与"腋下纳粹党卫军文身"相比,"让他挽起袖子"这个动作显得漫不经心,却都意味深长——塞林格笔下的主人公大多是跟霍尔顿一般的毛孩子,无权无势,当然其中也不乏成年人。但在情报局任职的塞林格士官则重权在握，不仅审过德国人，也抓过伪装成平民的纳粹党。

过去传记中曾暗示，西尔维娅本人就是众多骗局之一，甚至猜测她是盖世太保，而塞林格是在跟西尔维娅结婚并和父母同住后才发现她身上的这个疑点。没有明确证据证明这一点，我们只知道塞林格提出了离婚，声称自己被骗了。他的律师——也是他父亲的律师——用了"虚假陈述"这个词，但这像是一个无意义推断。一个负责审讯德国人的美国军官，"拥有"任何权力，只要他愿意，就能娶到一个德国女人并带回纽约，我们只要注意到这些就足够了。

玛格丽特·塞林格在回忆录中提到，让人意外的是，西尔维娅多年后还曾给塞林格写过信。更让人吃惊的是，父亲在新罕布什尔州温莎小镇的邮局前上车，手里拿着信，看了一眼，没有打开便撕掉了。回溯到1941年，塞林格曾兴奋地写信告诉默里自己正在完成一个新的短篇小说，但不知如何收尾。他说小说结尾很难写，因为压根没有结尾。这像一道伏笔，塞林格很明白，探究自己的作品，就如同打穿了通往隐私城堡的隧道，不管基于事实还是一种隐喻，都令人如坐针毡。但面对自己与他人的关系，包括和女儿的关系，他却非常善于"收尾"，果断而决绝。玛格丽特在一档脱口秀中被问及如何形容和父亲的关系，她回答得很简单——"没关系"。

31　1961年：土拨鼠之年

1961年秋天，应景于《弗兰妮与祖伊》的出版，《时代周刊》选了塞林格作为封面人物。该封面故事的第一段总共有五句话，最后一句是"不久前，趁塞林格和家人外出，忍无可忍的邻居们为一探究竟，换上工装，翻过了六英尺半高的篱笆"。

媒体与塞林格之间本就微妙的关系就此来到临界点。你得格外注意"究竟"一词，塞林格的邻居们像是被什么事情折磨得忍无可忍，邻里之间一般也会因为各种事彼此不待见，例如：

- 他们放的音乐太吵。
- 他们的狗叫个不停。
- 他们又喊又叫，制造噪音。
- 他们赤身裸体地走来走去有碍观瞻。
- 他们碰见你时莫名其妙地态度粗鲁。
- 他们无缘无故就把你视为怪胎或是罪犯。

- 他们打枪。
- 他们的政治信仰让你觉得反胃。
- 他们想方设法侵入你的领地,偷窥或者侵犯你的隐私。

也许,*也许*还能再加上一条:他们深居简出。即便把这种不待见也算在内,那一定是整个列表里的最后一条。"深居简出"就是那句话中"究竟"一词的所指,让邻居们忍无可忍到会趁主人外出时非法翻墙但求一窥的程度。塞林格不邀请,别人只能被迫闯进去。

《时代周刊》报道的头四句讲了塞林格初来乍到时如何开朗外向,之后又判若两人。若不是麦卡锡主义阴魂不散,这几句话放在有关丑闻交易的不实报道里应该是挺好笑的,《时代周刊》或多或少得为这种阴魂不散负一点责任。在倡导"扭曲隐晦的负罪感"的社会氛围中,任何古怪都会被视为一种线索,指向……指向叛乱、叛国、共产主义、素食主义和性变态?

再往下是典型的《时代周刊》式的含沙射影。沃尔特·詹克斯夫妇,这对翻墙的邻居倒是确有其人,可他们的演出台本早就由《时代周刊》排定——塞林格藏有不可告人的秘密。这成为《时代周刊》未来多年报道塞林格时的话术,特派记者经过调查带回的报道,潜台词总结起来无外乎:"我们已经找到一个线索,这个线索或许最终可以帮助我们打开塞林格那藏有小女孩的衣橱。"

31　1961年：土拨鼠之年

封面用的插图形式——面对一片黑色麦田的中年塞林格，阴沉着他那英俊的脸庞，焦虑难掩。画师为他添上了性侵者才有的那种发青脸色。[1]

1961年，新罕布什尔州科尼什小镇，记者跟土拨鼠一样泛滥成灾。以《新闻周刊》为代表的第一批记者早在1960年已先期杀到，届时塞林格没有发表任何新作，《九故事》出版则已过去了七年。塞林格在《纽约客》上的作品因此成了热门谈资，可人们根本读不到它们，刊有"弗兰妮"的那期已脱销多年。地下盗版书随之猖獗，人们狂热追逐塞林格的作品，却忽略了作者本人的遁世。[2]

就作家编年史而言，我们刚刚到达塞林格三联画第二联的半途，但从作品时间表看已经接近终点。《逮香蕉鱼的最佳日子》发表于1948年。距离所有作品集结成册，开启塞林格三联画最后阶段只剩下三年时间。

当地人与出现在城里的第一位记者，《新闻周刊》的梅尔·艾尔芬交谈时态度还相对松弛。报道中有句话值得注

---

[1]《时代周刊》主编亨利·格林沃主导了杂志对待塞林格的态度，1961年正是他负责了封面故事。1962年格林沃又出版了一本针对塞林格的批判文集，他似乎非常热衷此道——抨击塞林格并非天赋异禀的作家，而是一个丑闻制造者。书中谈到名流圈暗潮涌动的乱象，以及塞林格避之不及的态度。然后引出一个问题：如果你不顾一切地想要逃避，最好的方式真的就是不计后果地逃避吗？

[2] 塞林格的回避挑战着大众智慧，令伊恩·汉密尔顿这样高素养的细心读者都深感困惑，更别提媒体和传记出版社了。他们四处打探，试图弄清塞林格带着敏锐的洞察和两岁小孩儿似的暴脾气栖身密林的原因。有种说法是塞林格刻意为之，以保持人们对他作品的关注。想要作品广为人知，显然与避世企图相去甚远，不可兼得。"他在那儿干吗？"，这样的谜面就是拿来分散注意力的，好让人们不再留意塞林格及其作品中暗藏的那些更有趣、更隐秘的问题——他的作品有什么启示？他是如何做到的？为什么？

意，伯特伦·伊顿，很快会成为塞林格"曾经的"朋友，描述了他的一天："早上五点到六点间起床，然后步行下山去工作室，一间有着半透明塑料屋顶的混凝土小屋，塞林格有时会在那儿工作16个小时。"

"他工作时卖力得跟工作犬一样，"伊顿说，"是个一丝不苟的匠人，永远都在修订、润色、重写。杰里工作室的墙上有一排挂钩，上面挂着一捆捆笔记，分别对应不同的角色和情境。每当灵感乍现，他会拿下对应的笔记，记上新的想法再放回去。他还有个分类簿，里边贴着一页打字机打出来的手稿，其他纸页上则记满箭头、备忘录和其他修订记录。"

这段话将我飞快地引至塞林格1943年发表于《星期六晚报》上的短篇小说《瓦里昂尼二兄弟》，故事讲的一对大获成功的作曲兄弟，其中一个被暴徒杀害，而暴徒的目标却是另一个。这个短篇谈不上卓越，但有趣，主题衔接明显熟练，也显露出塞林格创作这类故事的思维模式。我对他打印稿几近苛刻的整洁抱有极大的好奇——故事本身，还有那些信件的洁净程度几乎完全掩盖了作者的创作痕迹（好在打字机颇有表现力，不是每一个句号是用相同的力道打上去的），像用电脑软件输出似的。

整个故事的复杂之处在于，两兄弟中写曲的那个沉溺于功名，写词的那个却没有，醉心于自己的小说创作。这像是在暗喻塞林格的两面性：一个想将作品卖给精明商人，卖给好莱坞而声名大噪的作家；和一个全身心投入创作的作者。兄弟中作曲且爱慕虚荣的那个叫索尼，暴徒原本想杀死的是他。在悲痛和内疚中，索尼把余生都用来"打印出那本可爱、原始、有可能很优秀的小说，乔·瓦里昂尼写完了却把它扔进了垃圾堆。它被手写在黄纸上、线格纸上、弄皱的纸上、撕下的纸片上。纸页没有标序，信封的背面、大学试卷的背面、火车时刻表的边缘空白都写满了零碎的段落"。

继《新闻周刊》之后，《纽约邮报》的艾德·科斯纳，替《生活》杂志撰稿的欧内斯特·哈夫曼也来了，《时代周刊》的巨头们紧随其后。普通记者和特派记者们纷纷从纽约、华盛顿特区、佛罗里达、伦敦、牙买加和洛杉矶发回报道，有些人被直接派到科尼什。

面对猫王、甲壳虫乐队这样的成功人士，报道的笔调一般都是激动的，受访者的名气也会像滚雪球般越滚越大，唱片排行直冲榜首。但这种笔调放到塞林格身上就跟猥亵似的，连他所处的环境都充满了敌意和战火 塞林格把他的要塞设在山顶，闯入者们疾行而上，试图冲破他的屏障。

这些报道收进了断断续续的口述电报和惬意的文学游记，被打印在葱皮纸上，并成为合法的文章。许多文章都跟《时代周刊》1961年处理新闻报道的方式一样魔性十足。在牙买加，社交名流雷拉·海德里接受了采访，稿件如下：

他在画家的画板上写作但我不确定他是不是傲慢地永久地拒绝了打字机然后选择手写停我们在我环游世界时讨论了旅行但他觉得这毫无意义因为旅行本身什么也给不了我们停。

大狗本尼也成功回到了纽约,它曾随新婚的西尔维娅和杰里在德国同游,对着纳粹吼叫,要"逮捕"他们。根据塞林格伦敦的出版商1954年的证言,"塞林格与一条跟他一样高的巨大的长毛狗生活在一起,他不写作时会带着狗在街上疯狂蹓跶。"

一位曾与塞林格在反情报部门共事的军人宣称两人只是同事,并不是朋友,然后挑衅地补充道:

> 我出身贫寒,他是纨绔子弟。我们基本成天在互答"是的"中度日,生活得很简单。在我看来他挺居高临下的,有时候又有点儿好斗。

另一位军人杰克·阿尔图拉斯则有不同的看法,战时他似乎大部分时间都和塞林格在一起,"我们曾在6月6日一起完成诺曼底登陆;我们是8月25日由比利时、卢森堡和德国进军巴黎的第一批军人。塞林格来自公园大道,但他一点也不像那个街区的人,他身上没有任何特质显示他来自公园大道。他是个友善的人。"

唐·康登是塞林格的老朋友,也是战后他的拥护者之一。作为《科利尔》杂志的小说编辑,他为塞林格据理力争,直到上司表态,若再敢让塞林格的小说出现在桌上,就立刻解雇他。此后他试图和西蒙舒斯特出版社签约出版《麦田里的守望者》。四十年代后期塞林格常赴康登在查尔登街的家庭牌局,然后再去柴姆利酒吧喝上一杯。当一位《时代周刊》的编辑问康登是否愿意为他们的文章接受采访时,他拒绝了,"因为杰里珍视他的隐私。"

> 下来几周我又接到两通电话,后一通来自一个年轻男子,说手上有一项关于杰里的特别报道任务,想见我一面。我拒绝了,他又说这次会面关系到他的饭碗。我说这真糟糕,那样他隔天就会出现在再就业办公室。压力之下,我给杰里捎了个信告诉他我拒绝了《时代周刊》的采访。他回信表达了感谢,这是我俩之间最后的交流。

《时代周刊》派代理人来打探,塞林格在电话里始终滴水不漏,如惊弓之鸟。如果所有打过照面的人都可能与对你不利的不轨者有联系,那会是怎样的感觉。像《警网擒凶》[1] 里的情节——穿着雨衣的警探们正全力追击罪犯。

伊恩·汉密尔顿的阴魂再现,无视自己的宿主。对于这种赶尽杀绝最自然的发问便是:塞林格何罪之有?

---

[1]《警网擒凶》(Dragnet):二十世纪五六十年代在美国热播的侦探电视连续剧。(编者注)

只要对《时代周刊》的诉求稍加理智分析,都会得出一个结论:有什么东西失衡了。但《时代周刊》向来不是凭严肃稳重大发横财的。这可是实打实的丑闻交易。与其费工夫讨论,汉密尔顿倒不如亲自出马随个大流。

我想起了在普林斯顿大学翻阅伊恩·汉密尔顿的文章时偶然发现的一小段手记,它被写在一张轻飘飘的索引卡上,收件人是汉密尔顿的编辑杰森·爱泼斯坦:

> 人在谈话高度保密的情况下开口。碰面详谈再告知你对方的姓名……我现在能够确信塞林格这些年来一直都在写作。通过这人带来的消息和另一条信息,我想我搞明白了到底是什么阻止了他继续发表作品。

高度保密的情况下……这人带来的消息和另一条信息……我想我搞明白了……

某人在巷口,正对你上气不接下气地低语,引诱你一探究竟。

《时代周刊》的报道引发了两幕闹剧,暗黑、荒诞、令人不安。

一方面在洛杉矶,《时代周刊》的记者满城寻找塞林格的小舅子加文·道格拉斯,景象壮观。加文"30 岁,金色长发,一口坏牙,长着一双几乎能将人催眠的坚定的灰蓝色眼睛。"记者采访了他两次。第一次他"正努力消化刚喝下的半加仑白葡萄酒",语无伦次,回答问题时一直在嘟哝自己收到的一封塞林格的电报,其中谈到增加"汇款"和让他"别告诉任何人任何事"。

如果你想知道真相的话,它往往让人难以置信。

一周后的第二次采访则顺利很多:《时代周刊》记者把加文从当地的醉汉拘留所里捞了出来,受访对象感激不已,态度也随之缓和。虽然神志清醒,头脑却还不利索,他以自我辩护作为对塞林格评价的开场白,"他侵犯了我的隐私。知道我跟他有关系的人都问我是不是霍尔顿·考尔菲德,西摩,或者别的什么人。好吧,我不是。"

这番焦虑导致了一个全新的视角:加文听起来和霍尔顿如此相似,是不是因为塞林格擅长抓取一些人——特别是那些极其聪明、精于骗术又有自毁倾向的人的真实说话方式?又或者加文是因为读过,或者通过跟作者本人的沟通将塞林格的文字嵌入心中,才会口头表达神似霍尔顿?

加文说塞林格曾断言"一个作家最大的敌人就是另一个作家。"

他详尽复述了克莱尔曾告诉家人的一则有关塞林格的谎言:两人初识于佛蒙特州曼彻斯特的一个派对上,派对主人是克莱尔在《纽约客》工作的亲戚弗朗西斯·斯蒂格马勒,那时克莱尔还在拉德克里夫上学。派对后克莱尔开始在周末时间拜访塞林格,她跟父母说塞林格"有间巨大的改造过的红谷仓,收留了15或20个佛教徒朋友,支出全靠他《麦田》的版税。这听起来有点疯狂,而且我也不太相信克莱尔。然后在嫁给杰里之前,她告诉我那些全都是谎言。"

另一个故事则因其性感阴暗而备受瞩目:塞林格在见他的英国出版商时提弄了他们一番。他和出版商约在斯托克俱乐部见面,克莱尔和一个女朋友则单独前往,"她俩像应召女郎似的走过,风情万种,塞林格指着两人,暗示出版商是否愿意一亲芳泽,他把姑娘们叫到桌边聊了一两个小时,克莱尔和女友顺势而为,言语粗秽并对英国人频抛媚眼。我不知道塞林格最后有没有和盘托出真相。"

这类传闻往往很难确认真假,就如人们该如何看待加文和克莱尔在童年时可能遭受虐待的传言一样——他们的父母战时来到美国,沉溺于艺术经纪人的事业,把孩子们随处寄放,多少像遗弃。

不过加文关于他姐姐和塞林格的证词并不都像镶边霓虹灯般似明实暗,有些还挺甜蜜的。"我第一次去,还帮忙铺了条小径和一些台阶,"他是在说科尼什的那间屋子,"塞林格手很巧,对手工活儿很感兴趣。他很努力地在自给自足。"

另一幕闹剧则更黑暗。《时代周刊》一度认为已经找到了塞林格的衣橱和那个最著名的小女孩——《逮香蕉鱼的最佳日子》中西比尔的原型。说不定也是埃斯米的原型?但事实证明现实生活中的小女孩对应不上任何一个书中角色,线索完全错了,但也确实是一条让编辑们忧心忡忡的线索。塞林格 1950 年在佛罗里达代托纳沙滩度假时[1]遇到了女孩琼·米勒，当时她不是三岁也不是十三岁，而是十五岁。这个年轻姑娘和中年男人间产生了一段友谊，可是有过爱情吗？女孩的家长赶到佛罗里达介入了这事，可足够及时吗？

《时代周刊》采访了女孩的父亲，"一个内衣制造商、肥皂制造商和纽约州科特兰的银行家。"报道中引用了他对塞林格的描述："这是个古怪的男人，不太合群，黏上了琼（那时她已经十六或十七岁了），和她度过了很多时光。他，呃，他是犹太人吗？我觉得那就能解释他的行为了。噢，我的意思是我觉得他不豁达。我是指，他不太合群这事儿。"

一年后，"当米勒一家来到纽约，他们邀请了塞林格共进晚餐。"[2]

1961 年，《时代周刊》记者找到了琼，她已经结婚，

---

[1] 度假及在这片丰饶的土地上寻找灵感时塞林格并不孤单，但独处久了就会对"漫游（cruise）"和"巡游（cruising）"这类词的区别变得敏感起来。另外，代托纳也是他 1947 年与西尔维娅婚姻破裂后独自前往的度假地，25 年后他又带着乔伊斯·梅纳德去了那儿并与她分手。

[2] "一年之后"意味着这次会面发生在 1951 年，也就是《麦田里的守望者》出版的那一年。这让我想起了塞林格和姐姐多丽丝为了在郊区找房子而进行的那次公路旅行。在玛格丽特·塞林格的书中，多丽丝的形象生动而鲜活。作为塞林格青年时期的第一见证人，她的态度格外重要。基于多丽丝的讲述和自己的阅读研究，玛格丽特以一段关于反犹主义和反犹主义对她父亲世界观的影响的长篇讨论作为她传记的基调。我认为玛格丽特对这一切的解读过于夸大了。比如她坚持认为塞林格如此讨厌常春藤联盟的原因在于充斥于校园的反犹倾向。这并非妄语，但也并没有阻止犹太学者成为文艺评论家、学术评论员，阿尔弗雷德·卡津就是很好的例子。不过围绕这一主题仍有一桩经久不衰的轶事：塞林格让霍尔顿·考尔菲德信奉天主教，他祖父则操着滑稽的澳洲口音——参照塞林格的真实生活那本该是意第绪口音。我认为玛格丽特在质疑塞林格的某些选择时还是中肯的，她认为那些做法某种程度上是种抗议行为。

和塞林格对簿公堂时戏剧化的一刻终于到来了。《时代周刊》的记者比尔·史密斯如此报道：

> 塞林格尽力表现出冷漠……而琼既不记得她在哪儿遇到的塞林格，也忘记了他的长相。好吧，那她否认小时候在佛罗里达与他相识吗？琼吐了口烟，纠结着说词，"是的，"她小心回复，"我想我不认识他"。

与此同时，让我们回到科尼什，一个叫墨菲的记者就眼下情况递交了一份冗长而宝贵的记叙。"想在谈话中吸引一个美国佬最好的方式就是撂下'土拨鼠'这个词，"他写道。这是整个小镇的关注焦点，克莱尔·道格拉斯·塞林格也不能免俗，"我三周前来到这儿，一星期总能在汉诺威看到她两三次，有时在五金店，有时她在街上和人聊天，询问除掉土拨鼠的相关建议。"

关于塞林格的花园有这样一段描述，种着"三四列玉米，一些番茄和一株根茎植物，"被三英尺高由木棍和线圈扎成的篱笆团团围住。然后是结句，"用来抵御土拨鼠。"

《时代周刊》的目的很模糊，不知是要对塞林格的生活和他的小说进行事实对比，好让作者显得不那么神秘；还是为了取得和"斯塔尔报告"[1] 一样轰动的新闻效果，寄

---

1 斯塔尔报告（The Starr Report）：由美国国会任命的独立检察官斯塔尔就美国总统克林顿性丑闻做出的调查报告，于 1998 年 9 月 11 日发布。（编者注）

希望于借揭露桃色新闻或违法勾当来摧毁整个帝国。可是，是什么帝国呢？这年头在政治上比塞林格表现得更为激进颠覆的作者比比皆是。塞林格的作品的确很具破坏性，但并不意味着就能因此盖棺定论。围绕塞林格发生的一切不是那么容易解释清楚的，也许正是这种恼人的感受刺激到了《时代周刊》吧。

"搜索"一词与塞林格如此频繁地联系在一起，都快成陈词滥调了。光看字面解释，媒体探寻的是那个住在山顶篱笆后的塞林格。但他的隐居，尽管对人们的好奇心来说是火上浇油，却更像是种简便的隐喻而非结论本身。塞林格的作品引领读者展开探索，阅读他的文字就像解开一道谜语的企图。这谜语并不想传递什么精神密码或含糊其辞的人生指导，字面意义提供的只是虚假线索。真正神秘的是为什么塞林格构建的探索可以取悦众人，因为寻找是快乐的源泉，如炼金术般混合了诱惑、奉承和致命的危险感，它流于字面也藏在字里。作品本身并不能让你感受到这些，是藏在好奇背后对丁塞林格未经证实的观察造就了一切。

32　1972年："跳起比根舞"

乔伊斯·梅纳德的回忆录中，有一幕场景始终萦绕人们心头：在"跳起比根舞"的乐曲声中，她和塞林格翩翩起舞于科尼什的客厅，而现如今此地已成为梅纳德的住处。那个时刻浪漫又奔放，是两人爱情关系的写照。塞林格在他的乌尔辛纳斯专栏，"大二学生的冥想：跳过文凭"中曾提到过这首"跳起比根舞"，三十多年前轰动一时的名曲。

梅纳德以一种私密的方式描述着那个时刻，她意识到两人正经历着某种不同寻常的关系——情侣们十有八九不会在双双坠入爱河后却不发生性关系（梅纳德却在这方面并不配合），而1972年在新罕布什尔的山顶客厅随着"跳起比根舞"共舞的这对情侣，年龄分别为53岁和19岁。有趣的是，共舞时产生的亲密感及认知对两人而言是截然不同的：这是梅纳德人生中第一个"跳起比根舞"时刻，杰里·塞林格则不然，他沉浸于舞蹈营造的旧时光中，这就引出了一个问题：让塞林格如此乐意重访的究竟是怎样一个世界？1938 年，由阿蒂·肖[1]录制的"跳起比根舞"名噪全美。到了 1940 年，"跳起比根舞"已成为爵士大乐队演出的必演曲目。它是塞林格在维也纳寄宿时和房东女儿一起听过的歌曲中的一首吗？它是《我认识的一个女孩》中约翰和莉娅一遍遍播放的那两张唱片之一吗？又或者，它是 1940 年，塞林格旗开得胜的那年，在《小说》发表完第一篇作品后展开的冒险航行中听到并随之起舞的一曲？抑或，它是塞林格在斯托克俱乐部和乌娜·奥尼尔共舞时的背景音乐？可能以上皆是。

梅纳德的自传于 1998 年出版。两年之后玛格丽特·塞林格出版了《梦幻守望者》。后者的文字有时读得艰难，部分原因是读者成了目击者，目睹父女关系中的伤悲、痛楚和失望。玛格丽特认为这些感受对塞林格构建的写作世界而言无关紧要——就像是在那幢房子之外，父亲在工作室重建了一个自己更中意的家。这种疏离感里的忿恨，不仅源自女儿丧失了父亲的关注，也在于玛格丽特没能继承塞林格的衣钵——她的文字缺乏韵律节奏，书的前半部分充斥着莎士比亚、雪莱、拜伦语录，仿佛一种盲目的文学增援。

玛格丽特对于"完全地（totally）"一词的斜体字运用，又让我想起了上述这些。提起敏感性，我所指的并非

---

[1] 阿蒂·肖（Artie Shaw）：美国作曲家、乐队指挥，出色的爵士乐单簧管演奏家。（编者注）

情感的敏感性，而是艺术的敏感性：比如，对于斜体以及一些特定词语的迷恋，会无意间创造出一种音律。但玛格丽特对"完全地（totally）"的运用，是为了呼应塞林格在经历战争创伤之后彻底改变的笔迹，这无疑显得有些笨拙。

为什么在女儿如此迫切地书写父亲、父亲的生活以及父女关系时，还要特别关注一个用法看上去不太对的单词？因为这词背后的优雅与轻巧也是玛格丽特对塞林格失望的一部分——她知道他有自己的格调，但身为父亲光有格调是不够的。玛格丽特对父亲的恼怒让我想起了塞林格对他父亲的恼怒，他在《乌尔辛纳斯周刊》的专栏中称索尔"不可理喻"。

聪慧过人的玛格丽特错失了驾驭世界的伟大基因，尤其错失了对人们的引领。一个让人心碎的例子发生在2000年，因新书备受关注，她做客美国有线电视新闻的网络直播节目。一个名为哈雷的人发问：关于这本书，你有什么遗憾。玛格丽特回答："老天，我真希望自己没把关于喝尿的事情写进书里，因为那是我现在读到的全部。它讲述了我异于常人的成长经历，对我而言没什么奇怪的，但我也从不希望看到拿它大做文章，成为'耸人听闻'的头条。"

如此缺乏远见，并不能证明玛格丽特的成长异于常人，反倒说明她对这个世界一无所知，又对自身动机不甚了了的个性。塞林格扮演着一个缺陷多多的父亲角色，但自己一贯拥有真知灼见。有一次他说玛格丽特"因长着一张识别度极高的脸而遭受诅咒"。一句漂亮的评论——由此可推论,她注定辨别不来人心,也无法预判写出父亲有生食土拨鼠肉这样古怪的饮食习惯会掀起怎样的轩然大波。

还有一回,塞林格前往玛格丽特所在的寄宿学校探望,起因是学校管理员频频刁难她,现场塞林格连连摆手阻止玛格丽特的诉苦。而在女儿看来,父亲做得完全不到位。塞林格随后在晚餐时奖励了她一块巧克力蛋糕,一为回避女儿的抱怨,另一方面也是给出明智的建议:既然蛋糕在那儿,就好好享用吧!

33　算错了

讨论塞林格的人生，绕不开他的隐居和因此付出的代价。不知从哪儿冒出来那么多疯子，手中挥舞着各种版本的《麦田里的守望者》。一旦有人中伤或者尝试中伤某位公众人物，这些人就会跳出来公布自己最钟爱的作品，他们也必会因此吸引眼球。但塞林格让这些人扑了空，他放任身边的每个人，将自己抛给他们。他拒绝任何采访，这也诱使他身边的每个人向记者开口议论他，塞林格无法幸免于此。现实中本不存在这种侥幸——你无法作出回应来助攻这些恶意诽谤，而在沉默的真空中，谣言又只会甚嚣尘上。

我同一位认识塞林格的女士有过交谈，并答应隐去她的名字，她说起过一件事：一天，她女儿从曼哈顿的私立学校回家，说老师今天介绍《九故事》时是这么开场的——"关于塞林格你们需要知道两件事，一他猥亵儿童，二他是一位象征主义者。"

听闻此言，我沉默良久。"什么是象征主义者？"我最后问。

"我要是知道就见鬼了，"她说。"我的意思是，你懂的，就好比《笑面人》中，那个家伙向空中抛橘子就意味着'多产'。记得这情节吧？"

我当然记得。

"很好，"她继续说，"象征主义就像那位老师说的，那个家伙向空中抛橘子，便是多产的象征。还有，酋长的女友出现在孩子们的赛场并坚持要求参赛，随后顺利上到三垒，你猜这意味着什么？这意味着她已经怀孕九个月[1]。"

我们都对这类象征说辞不屑一顾，它破坏了作品蕴含的乐趣，是没有幽默感的人常用的评判标准，精巧、实用、技术化。他们的分析听上去头头是道，可当你记起，如果"不可量化"才是正确公式的话，幽默便是公式本身，这是没有幽默感的人无法体会到的。幽默且极富洞察力的评论家威尔弗里德·希德写道："《逮香蕉鱼的最佳日子》之所以精彩，全因主角西摩·格拉斯实在太有趣了；同样，在《为埃斯米而作——既有爱也有污秽凄苦》这样一个有关伤害的故事中，叙述者口吐莲花般的优雅言辞，完美驾驭了敏感与病态之间微妙的化学作用。而塞林格本人对埃斯米的模仿，也就是著名的斜体字对话，好像成了能证明他拥有幽默感的唯一证据。"

---

[1] 原文为"第三期"（third trimester），以呼应前文的"三垒"（a triple）。（编者注）

放弃象征主义的讨论,我和那位女士又在下一个问题里沦陷了,面面相觑。

"为什么一个老师会说出那样的话?"我说。"我意思是,父母不在身边时亲吻三岁女孩的脚的确不是件好事,不过那毕竟是一部小说。女大学生连环诱奸犯的面相通常都不会太好,但我不会就此将其称为……"

"我觉得他算错了,"她说,"我觉得杰里在决定离群索居以保护他珍视的隐私时算错了。"

"你的意思是……?"

"我认为塞林格早看透了,涉及名流的堕落,但他忘了把被激怒的新闻媒体算进去。同时,得小心那些有资格讨论你的人。可真的让这些有资格的人闭嘴,又由谁来讲你的故事?现在这些饶舌者统统是局外人。"她停顿片刻。"他和威廉·肖恩、莉莉安·罗斯组成的铁三角,严守了沉默这一略显奇怪的道德感。可写作是行动,充满侵略性。"

34　古斯塔夫·洛布拉诺和威廉·肖恩

塞林格三联画的第一联之所以激动人心,是因为自1948年《纽约客》发表了《逮香蕉鱼的最佳日子》之后,他的作品无疑发生了质的变化,变得更简洁,更有力。他的早期故事,哪怕最成功的那些,都会给人游离感,结尾松散。这些主要缺点在《纽约客》时期都消失不见,开篇及结尾更掷地有声。简而言之,塞林格的作品得益于《纽约客》的编辑工作,他因此走红,也因此声名受损。

可到底是哪个编辑应该因此授勋?

纵览由无数撰稿人编撰的《纽约客》的浩瀚年鉴,你会发现在1951年哈罗德·罗斯意外去世后,古斯塔夫·洛布拉诺的名字频频现于纸端,挟着一股焦灼之气。文档中提及,洛布拉诺与威廉·肖恩曾经是主编一职的有力竞争者。但就像《君臣人子小命呜呼》里的罗森·格兰兹与吉尔·登斯顿,古斯塔夫·洛布拉诺似乎命定当不了主角。在此不妨设想这样一幅画面:他在办公室里来回踱步,喋喋不休于自己没能拿到最高职位。

但调查又揭示了另一面：身为编辑，古斯塔夫·洛布拉诺和威廉·肖恩都对塞林格的作品发表起到了最直接的影响[1]。

凯瑟琳·怀特[2]搬去缅因州后，洛布拉诺于 1938 年接管了《纽约客》的小说部门。沃尔考特·吉布斯去信帮助他适应新工作："这本杂志的投稿质量基本停留在半文盲水准。换言之，尽是些无意义的华丽辞藻，一个词就能解决的事非要拆成三句来写。"

天生的敏锐度让洛布拉诺总能琢磨出最合适的那个词。他对《逮香蕉鱼的最佳日子》的编辑可谓大刀阔斧，特别是对开篇的调整，令作品改头换面。罗杰·安吉尔将这个短篇的横空出世形容为"像一记枪响"，其双关含义不言自明，但我认为他更多指的是作品整体的杰出，不仅是结尾。

洛布拉诺一直担任塞林格的责编直到 1956 年因癌症过世，时年 44 岁。他不仅是位出色的编辑，也因平易近人和包容周到而闻名。与之合作过的作家包括詹姆斯·瑟伯、S·J·佩雷尔曼、约翰·契弗、欧文·肖和罗杰·安吉尔。他结缘甚广，如他女儿所言，"是个风趣而友善的人"。他

---

[1] 惠特·伯内特原本也在这个名单中，但某种程度上来说伯内特作为发掘、引导塞林格的人，角色定位似乎与打磨他作品的编辑有所不同。一个实证是，伯内特曾引用过塞林格经过大量编辑的初稿的内容。
[2] 凯瑟琳·怀特（Katherine White）；《纽约客》杂志功勋编辑。如果说哈罗德·罗斯是这本杂志的创始人，凯瑟琳·怀特则是这本杂志风格的奠定者，她嫁给了比他小几岁的年轻作者，后来享誉文坛的作家 E·B·怀特。（编者注）

常和共事的作家打网球,其中就有塞林格和肖。他约他们共进午餐,也邀请他们来家中做客。他在查帕瓜发起周日社区棒球赛,时有作者来参加。塞林格则成了他全家人的朋友,甚至在1953年远赴波士顿参加了洛布拉诺儿子的婚礼。洛布拉诺喜欢将人们组在一起,塞林格和他的交情就建立在无数次网球和午餐的基础上。

有关洛布拉诺的信息,有一部分来自罗杰·安吉尔,但他在大多数时候仍是个神秘人物。我那时希望能联系上古斯塔夫·洛布拉诺——这个与塞林格的经纪人多萝西·奥尔丁一道完成《九故事》的重要角色——的其他关系人。我最终从西海岸的电话簿上找到了一位名字、年纪都相仿的女士,于是打电话过去,然后就找到了古斯塔夫·洛布拉诺的女儿,多萝西·洛布拉诺·古斯。那会儿差不多是西海岸的晚餐时间,对于我这个陌生人,她表现得很谨慎,这也在情理之中。她让我给她去一封信,解释我的项目,我照办了。

此后便开始了一段马拉松式的追问。她所有的质疑都合情合理——你有什么理由向一个贸然给自己打电话的人透露任何信息?当然还不止询问。在收到我的来信后她又向好友罗杰·安吉尔要了一份独立声明,罗杰慷慨地提供了,但她还是有些回避和抵触。

与此同时,随着研究的深入,我越来越意识到塞林格能在1948年取得文学上的飞跃,得归功于洛布拉诺的编辑工作。他是那个拿着铅笔的掌舵人，精心修订编辑小说。他聆听塞林格的笔下之音，并在纸面上为其塑形。这个极为重要的角色却没能收获他应有的嘉奖！

我意识到是洛布拉诺的早逝让我对整件事表现得更为热心。我将塞林格与我的父亲置于同一条街道上，1937年至1938年的维也纳街头。我似乎想借由书写塞林格的传记——这位作者写出的最为著名的隐喻便是拯救即将坠崖的孩子们——从墓碑里唤醒那些父辈，那些怀才不遇、卒于盛年的人们，复兴他们、为他们挂上奖牌，好像这样就能改变什么似的。

多萝西·洛布拉诺·古斯不愿多谈细节，因为谈话内容会勾起她对已故父亲的痛苦回忆。围绕着她父亲亡故的传奇光环只会让那些坠入幽暗时空的人们倍感恐惧，所有转瞬即逝的故事和经历都将随他们遁入黑暗。

我渴切盼望着她能告诉我更多关于她父亲的事。我想要告诉那些对塞林格感兴趣的人，除了威廉·肖恩——塞林格在《弗兰妮与祖伊》的题词中将其称为"谦逊到不可思议，却是与生俱来的伟大的编辑艺术家"，另外还有一人，早在肖恩之前就对他产生了至关重要的影响。许多人都知道肖恩对塞林格的重要性，却甚少有人了解最初将他塑造为传奇的正是古斯塔夫·洛布拉诺。

然而这种近乎歇斯底里的急迫并不能让多萝西·洛布拉诺·古斯多信任我一点。更糟的是，她曾在《纽约客》

的新闻部工作过，编辑过 E·B·怀特的信件。这也就意味着，所有情绪波动在她的内敛克制面前都显得面目可憎。

古斯塔夫·洛布拉诺 1956 年因癌症去世，这在当时震惊了所有人，包括他本人：那时的惯例是将病情告知亲属而不是病患本人。"当时癌症还不能被及早发现，医生们对此束手无策，唯一能做的就是回家等死。"洛布拉诺·古斯说。医院给出了一个模棱两可的诊断：洛布拉诺得了静脉炎。

多萝西和家人对洛布拉诺本人，以及许多写信致电问候的人都隐瞒了真相，宣称一切都尚好。他们对外编造了个故事，说洛布拉诺和妻子前往拿骚度假休养去了。

塞林格给住院的洛布拉诺写了封信，在他和克莱尔婚后不久。那封标注着"周日"（大概是 1955 年）的信是一篇散文随想录，抒发了塞林格对"静脉炎"一词的反感，并对洛布拉诺临终时该如何措辞以换取后世安宁提出了建议。很难界定这封信中哪些是塞林格的疯言疯语，哪些是焦虑自陈。在塞林格直接表达自己的内心恐惧后，这封信又再度找回了焦点：他有多么害怕失去洛布拉诺，没有洛布拉诺做他的编辑，他可能无法再为《纽约客》写作。他尽管对威廉·麦克斯韦尔青睐有加，却认为自己无法成为其作者，原因是他们一同去看过一部名叫《白鬃野马》的电影[1]，麦克斯韦尔和妻子很喜欢，塞林格却认为那是部烂片。他哀叹内心挥之不去的恐惧，悲痛又不知所措。他一次次提笔给洛布拉诺写信，写完后又一次次撕毁。我有什么权利给一个病魔缠身的人写信？他自问。然后他想象洛布拉诺身在拿骚，穿着泡泡纱套装[2]，坐在一艘玻璃底舱的小船[3]上享受假期。这想象中的画面短暂缓解了塞林格的焦虑，却阻止不了焦虑的卷土重来，塞林格只能继续埋首在单倍行距的纸页间，写了整整两页关于禅宗的思考。

多萝西在电话那头死气沉沉地念出这些信，嗓音低沉沙哑，带着强烈的过时感，像在报刊阅览室里复印旧报纸。

"他接着又写了两页禅宗。"她停顿了一会儿说。

"都说些了什么？"我问。

我听到她翻动纸页的声音——犹疑地。

"是关于爸爸应该如何对自己的身体负责，做这个做那个。"她说。

我能感觉她跳过了很多内容，接着她又大声读出一行：塞林格恳求洛布拉诺将他的身体视为上帝的杰作……如果

---

[1] 白鬃野马（White Mane）：法国电影，荣获 1953 年戛纳国际电影节大奖最佳短片奖、1953 年让·维果短片奖。（编者注）
[2] 这看起来是个随意构建的场景，直到我惊讶地了解到洛布拉诺从小在新奥尔良长大，并且毕业于伊西多尔纽曼学校，这所学校就位于我家八个街区开外的地方。
[3] 洛布拉诺生前喜欢钓鱼，也会带他的作者去。这或许正是乘坐玻璃底舱小船这一幻象的出处，不由让人格外辛酸，尤其考虑到这同时也是洛布拉诺编辑的《逮香蕉鱼的最佳日子》中一幕的话。这篇作品令塞林格在《纽约客》初露锋芒，他似乎希望在"香蕉鱼的世界"中替两人找回曾经的快乐，却已枉然。

他足够虔诚的话……

多萝西的声音渐渐轻了下去。

我沉默了一会儿,这一段着实让人震惊。在这之前,他提到静脉炎,提到他对洛布拉诺编辑工作的敬重,提到玻璃底舱小船,温暖迷人,独特又鲜明的塞林格风格。可这段完全是另一码事。我对宗教狂热的反感随之翻涌上来。

"那些禅宗的部分……"我开了个头。

"几乎是残忍的。"多萝西说。

不过撇开那两页,整封信还是爱意满满。塞林格当时已功成名就,结了婚,有了一个孩子,安享其盛年。但在给洛布拉诺的信中,他却像被夺去挚爱的孩子,浑身战栗。

她接着念了封1954年的来信,就在塞林格参加完洛布拉诺的儿子达基和桑迪女士的婚礼的一年后。塞林格在信中提到了最近和克莱尔·道格拉斯私奔的事。

多萝西念信时跳过了开头的寒暄,不知道她是否有所省略。塞林格在信中宣布了和克莱尔私奔的消息,并且一反常态的泰然自若,像是在告知一场无关痛痒的小感冒。他表示自己心情大好,然后补充说他希望能像达基和桑迪那样应付裕如。他说这是他第一次跟人提笔谈及此事(这让我马上联想到塞林格和西尔维娅的第一次婚姻,第一时间收到这个惊人消息的是伊丽莎白·默里,这是另一位令塞林格受益匪浅的家长式人物)。他将洛布拉诺视为最理解他困境的人,一个懂得"制约"的真正含义的人。他像是在编织结论以完成故事,却又表达得模棱两可。

"'像桑迪和达基那样'是什么意思?"我问多萝西。

"我想他只是高兴坏了,"她说,"或者就是想告诉别人他很高兴。"

当我问她对于"制约"一词的看法时,她指出在她父亲停止编辑塞林格的作品后,"所有形式的制约都不存在了,至少很大一部分不存在了。"

这就将我们引回那封塞林格写给在医院濒死的洛布拉诺的信。

"那些关于禅宗的内容简直是在吓唬人。"我说。

"'你必须让自己好起来',"她说,"这话听起来不太近人情。我们没把信给父亲看,他那时病得太重了。"

多萝西最后读了一封更早的来信,写于1951年1月29日,从康涅狄格州的韦斯特波特寄出。"我父亲拒了他的一个短篇,塞林格在信里回应了这件事。"

她念了关于退稿的那部分,信中紧接着表达了感激,就像是洛布拉诺曾教过他如何把握写作中的创造和新奇、挑战与不妥协之间的关键区别。塞林格说他决定暂时搁置这个故事,虽然可能会明知故犯,但仍希望不用搁置太久。

信中又笔锋一转,回忆起洛布拉诺在编辑《逮香蕉鱼的最佳日子》时付出的心血,特别是他针对其中某句对话的质询。塞林格当年竭力为那句话辩护,认为它至关重要,可以让西摩·格拉斯显得不那么圆滑轻浮,洛布拉诺最终同意了。之所以会提到这一点，塞林格解释说，是因为这些细致入微的观察是他以前——前三年——始终坚持的写作方法，但如今已长久游离世外，想尽快重拾那种专注、耐心和一丝不苟的状态。他说自己在构思另一个故事，准备立马动手。又提到作品里的那些孩子，表示应当让他们休息片刻，不再要求他们从树屋里下来，因为唯一能让他们下树的方式就是等待。

听完这封信，我挂断了电话。

《抬高房梁，木匠们》是洛布拉诺编辑的最后一部塞林格作品。尽管多萝西认为父亲也看过《弗兰妮与祖伊》的初稿，可等到《纽约客》考虑付梓出版时，洛布拉诺早已过世。小说部门曾将其打入冷宫，直到威廉·肖恩接手。此后，肖恩成了塞林格的责编。

讲述威廉·肖恩并非易事。"惊世天才"四个字似乎不足以形容他。他身背神秘光环，天生稳重且彬彬有礼。他身材并不壮硕，却是美国文学和文化帝国的巨头。人们不知该如何赞美肖恩，除非拥有一文塞林格的妙笔。在《弗兰妮与祖伊》的作者序中，塞林格的赞美是如此飞扬，满纸的真诚赞美和自嘲。

肖恩接手了这本口碑杂志，将其提升到商业成功的高度（钱总是能说明问题），同时极大拓宽了杂志的视野。《纽约客》过去是一本以深度报道见长的幽默杂志，后来报道题材更趋严肃，篇幅更长，却仍不失幽默个性。与此同时，小说部门也扩大了规模。如执掌该部门多年的罗杰·安吉尔所言，《纽约客》的小说"是霸主般的存在"。

另一个探讨威廉·肖恩的难点在于，他脾气古怪且神经质，罗列这些特点会让我焦虑不安，唯恐将一个令人敬畏的人物塑造成漫画形象。

一些次轻量级的古怪之处：威廉·肖恩永远带着把伞。工作日他总在阿尔贡金饭店享用玉米片午餐。小个子，秃顶，自律，轻言细语。有电梯恐惧症，一直担心有一天会困在电梯里，以至于《纽约客》办公楼设有一部仅供他专用的电梯。有个办公室传奇是这么说的：威廉·肖恩的随身公文包里藏着一把斧子，万一哪天电梯卡住了就可以用上它。虽然是个玩笑，却很令人关注。

中量级古怪之处：尽管是三个孩子的父亲，威廉·肖恩仍旧反对任何形式的身体接触或性爱描写出现在杂志和日常对话里。在《这里是〈纽约客〉》一书中，作者布兰登·吉尔写了一则颇为著名的轶事：一次他和肖恩、英国小说家亨利·格林共进午餐，肖恩问格林小说《爱着》的灵感是什么。格林答"是周日早晨躺在床上翘着兰花指（cunty fingers）喝茶吃面包"时的快感。这一表述已成为文学史上的经典时刻，肖恩的脸红和格林对此次冒犯的健忘，更为这个小故事增添了几分传奇色彩。哈罗德·罗斯用过亵渎性的字眼，但没让它们出现在杂志上。肖恩不仅自己不用这类说法，在他任职期间，也禁止其他人出言不逊。

重量级古怪之处：这个圣徒般人物，却和在职作者莉莉安·罗斯（和哈罗德·罗斯没有关系）有着长达数十年的风流韵事。在他过世后，罗斯在她1998年的回忆录《此处又非此处》中披露了这段关系。肖恩与妻子、两个儿子共同生活，但常在晚饭后离家，沿着大街散步至莉莉安·罗斯的住处探望，莉莉安在60年代中期收养了一个儿子，肖恩对那个孩子视如己出。

莉莉安·罗斯1945年起为《纽约客》撰写了大量文化演出方面的专题。她依然健在[1]，仍旧热衷于做《纽约客》的撰稿人。她最有名的一篇作品是对欧内斯特·海明威的长篇侧写。观察敏锐，栩栩如生，用对话充分展现了被访者的个性。但莉莉安的个人能力却被奇怪地限制住了，那是一种彻头彻尾的低估。她身处于威廉·肖恩谨慎的气场之下，而这种气场又被两人亲密的细节所驱散。

《此处又非此处》出版于威廉·肖恩死后的第六年，当时他的妻子仍在世。这本自传仿佛在迷乱状态下写成，一种创伤后应激障碍的浪漫表达。它描绘了一个男人与一个女人幸福相爱的画面。只是那个男人碰巧有着共同生活的妻子和孩子，在他眼中，日常生活是被爱的力量所超越的种种不便。肖恩成为了麦迪逊大街上的重婚者。

在《此处又非此处》中，所有的愤恨、不满和嫉妒都

---

[1] 作者撰写本书时，莉莉安·罗斯依然健在，她于2017年9月20日在曼哈顿因中风去世。（编者注）

被深深压抑，但它们还是找到了发泄途径，带着可预见的后果——丑闻让自制和谨慎成了笑话，同时悍然打破了神话，也让人看到肖恩的悄声悄气是为了服务于一个重要理念：作家不是医院里的病人，他们需要安宁，他们需要隐私。

肖恩头上的光环以及他的个人气质暗示着出版业对于一个作者而言近乎野蛮、极具毁灭性的一面。作为每期都要出版成千上万字的周刊掌门人，肖恩面对的正是这样古怪且两难的境地。而在他的领导下，凡此种种又被逐渐吸收为《纽约客》文化的一部分。

在肖恩成为他的编辑以前，塞林格便已开始关注出版行业会给作者带来的毁灭性影响。他在《麦田里的守望者》出版后匆忙逃往苏格兰。当作品的成功赋予他相应的自主权时，他立刻将自己的照片从封底撤下（前两版还有，第三版就消失了）。在保护隐私方面，他不是新手。肖恩对隐私的执著与塞林格不谋而合。洛布拉诺在任编辑时永远会将塞林格的作品指向现实世界，一个有形的世界，并以读者的关注点为中心。他们在处理"弗兰妮"时有点举棋不定，比如为了解决读者可能认为弗兰妮怀孕，塞林格直接加了一笔来消除误解："喝酒是隔了很久的事了。"（太含糊了，反正人们认为她怀孕了。）也许是怕冒犯塞林格，看起来肖恩做编辑时似乎并不怎么苛求。而蕾娜塔·阿德勒在《离去：〈纽约客〉最后的日子》中却又写道：塞林格说他不想给肖恩看新作品了,因为担心其中的性爱内容会冒犯到对方。

即便威廉·肖恩做他的编辑,我也不认为塞林格的文学航线会受除他自己以外任何人的影响,但古斯塔夫·洛布拉诺如果活着,事情会怎样?

我曾试图说服一个与肖恩很亲近的人来谈谈塞林格。对方保持沉默,然后寄来一封手记,表示拒绝参与我的项目,但愿意聊聊塞林格的缄默及其影响。那封信充满了有趣的观察,从未出现在其他文档记录中。一则足以体现创作价值的信息由此蒙上了神秘的面纱,它不在此处,又在此处:"我的确跟那些老纽约客一样,继承了他们的迷信:不要谈论那些你打算写的东西,也不要谈论那些你没可能写的东西。写作是一场神秘的仪式,它的秘密不可示人。"

35　1960—80年代：写给斯瓦米的信

摩根图书馆目前存有三帙塞林格信件，其中有两帙是近期的馆藏。《纽约时报》头版发布了塞林格与玛乔丽·希尔德书信内容的公布预告，而两周前发表的一篇同样与塞林格有关的通告却乏人问津。那是塞林格与斯瓦米·尼哈拉南达的通信文档，后者是纽约罗摩克里希那-维韦卡南达中心的创始人及精神领袖。作为神圣的室利·莎拉兑·黛维的门徒，正是他将吠檀多佛教引入了西方。阅读塞林格与斯瓦米的这些书信，我得克服很多心障，包括对禅宗佛教在塞林格生活及作品中所扮演的角色的厌恶。

斯瓦米那一帙书信有60页，塞林格在信中的口气全然不同往常。其中一部分原因我们很熟悉，写信人刚度过青春期，跨入三十岁门槛。他与斯瓦米的通信，让读者仿佛身处塞林格三联画最后一联那空荡广袤的旷野，而塞林格当时恰逢中年。

正如任何家长都会做的那样——说得直接些，都是母亲——即便铁证如山,父母也很难接受孩子的过错,比如他是个烟鬼,他是个贼,他考试门门挂科。我也像家长般寻找宗教带给塞林格的负面影响,似乎这样可以把罪责推给别人,而非自己的心爱之人。

与斯瓦米的通信,似乎恰好证明了对塞林格的作品,或者对塞林格神话来说,禅宗毫无建设性可言。这些信礼貌又乏味,既没有马克思兄弟般的荒诞不经、奇思妙想,也缺少古怪、不羁甚至模仿。

塞林格写信习惯用化名落款,最中意"菲茨·杜德利"这个名字。但给斯瓦米写信全用的真名。他的行文恭敬而友好,但少了惯常的亲切暖意。塞林格书信的迷人之处在于他充分自信,真情坦诚又温文尔雅,满纸的诚挚。

莫名横亘的距离感阻碍了塞林格的热诚,他写给斯瓦米的信都有一种让人为之紧张的示好,这样的尊敬抑制了情感上的共鸣。好吧,我猜没人能与领袖亲密无间。此外,英语并非斯瓦米的母语或许也是产生这种尴尬的部分原因。无论如何,写给斯瓦米的第一封信并不如其他塞林格信件般妙趣横生。

但是通信十来次后,情况有些不同了。斯瓦米经常在信中附上新书的参考文献作为礼物送给塞林格。塞林格也常在信中和对方讨论购书事宜,我得到一些机打的便签可以证明他做了捐赠,看上去塞林格买了不少斯瓦米的书,多少说明了他曾动过改宗的心思。

35 1960—80年代：写给斯瓦米的信

1974年，塞林格给纽约罗摩克里希那-维韦卡南达中心寄出一张500美元的支票，并附了一张便笺，说希望这笔钱能够帮助维持中心的日常开销。相比之前的来信，这张简明正式的便条反而更有人情味。其间蕴含着某种无比熟悉的、类似家族传统的气息，但直到我读到翻页后的内容才敢如此下定论。那是另一封信，也是机打的，简洁地传达了与前一张便笺相同的信息。他又寄了一张500美元的支票，以支付中心发生的费用，并希望此举能够帮助中心坚持其有价值的事业。第一封信写于1974年，第二封则写于1975年，自那以后塞林格每年都会在打字机上敲出一张新便条。当我找到1976年的便条，读到那几句措辞大同小异的留言后，突然意识到塞林格这么做其实是在精神层面回访他的祖辈。他擅长和孩子交流，与老人也相处容易。塞林格笔下最著名的长者形象皆来自《麦田里的守望者》，开篇的老教授夫妇，以及和霍尔顿一起乘坐公车的祖父。不过小说的内容都经过威廉·麦克斯韦尔的编辑润色，倒是便条的表述更为货真价实。页复一页，年复一年，塞林格从未间断过捐赠，每年500美元，随附一张便条，诚挚且用心良苦。便笺都三言两语，长度和措辞不一，有些甚至更简短。支票的金额，如经典歌曲的循环播放。

读到敲着1980年代中期的邮戳的信件时，我禁不住大笑，并开始想象斯瓦米和禅宗中心的其他同事读到这些信时的反应——估计就和我收到祖母寄来的支票时的反应一样——无论如何也禅意不起来。倒不是因为数目大小而愠怒，我通常每次收到50美元，祖父母给出的礼金从未考虑过通货膨胀的问题。这不仅是指生活成本的通货膨胀，同时也指字面意义上的通货膨胀：受惠者不断扩容，他的需求也会随之增长。

塞林格在1970年代寄出的500美元确实是一笔非常慷慨的捐赠，而且他认为这份每年送出的礼物所承载的意义远超数值本身，也高于感激和赞许这些情感支持。换成祖父母长久以来的观点，年年坚持就是价值所在。恒定的数额以及每年赠予的传统，像是一堂美德课，隐含着关于勤俭节约、精打细算、财富积累的训诫。正是为了传授这些美德，祖辈才会每年留出一些钱给孙辈。可惜孙辈即便明白其中的道理，也还是很难在感情上接受这一切。受惠人最终还是会哀叹礼金金额的恒定不变。礼金存在的意义以及受惠人的感激一开始基于这样的想法：你在那儿，孩子，我为你担忧；钱在这儿，好好花，当然随便你怎么花，这笔钱总是你的。但后来这种想法被完全异化了，变成了钱在这儿，同样的钱给到相同又不同的人，如果我愿意定睛观察的话，就会发现对方已不是原来那个人，世道变了，人也变了……这里有更多的钱！

500美元支票，外加一张用打字机敲出的便条，就这样页复一页，年复一年，从未改变。最后直到1996年，也就是第一张支票寄出后的第二十二个年头，塞林格把支票金额增加到了 1000 美元。这也是整本文档中唯一一份复印件。

在摩根图书馆的馆藏中,对我而言真正有价值的史料并非塞林格与斯瓦米或年轻粉丝间的通信,虽然它们很有趣,但塞林格写给迈克尔·米切尔的那些时间跨度超过 40 年的书信无疑更有吸引力。米切尔是塞林格在上西区生活时结识的一位艺术家朋友,他是《麦田里的守望者》的封面设计师。这些信件的迷人之处在于,它们体现了两人真挚长久且温暖的友谊。信件注明的日期要比塞林格写信给伊丽莎白·默里、惠特·伯内特的阶段晚得多。他与这二人都有过纷争:默里在彼此较少联络之后卖掉了塞林格的来信;与伯内特则是因为 1940 年代后期那场出版纠纷。

我们在 80 年代再次听到了塞林格的心声,距离最后一次在印刷品上读到他的表态已过去几十年。疲惫、绝望、反复无常,这些情绪在信中显得更为强烈。他有时会暗讽那些"蹩脚的文学小子"。让我震惊的并非是塞林格的说话方式或情绪表达——他在给玛乔丽·希尔德的信中也常常嘲讽那群伪君子——而是在与这群学术上自命不凡的"蹩脚的文学小子"角力的过程中,塞林格看上去是如此疲累不堪,他觉得这些人的水平至多是给流言蜚语穿上高级粗花呢。那时土拨鼠大军已经侵扰他的花园长达四分之一个世纪,他精心照料花园,是出于深层次的精神需求和迫切的艺术需要。回避"文学之战"这样的事并没有发生在塞林格身上。但奇怪的是,正是当这场战争的精神代价显而易见浮出水面的时候,我捕捉到了塞林格想法的重点——操蛋的土拨鼠!无论从知识层面还是字面上来看,这是他的生活,这是他的人生财产。不计任何代价保护每一寸领土不受侵犯,这是原则性问题。当然,当我以蹩脚的文学理由,匆匆览阅塞林格生命中极为私密的沉思冥想时,在打破原则的瞬间,也明白了它们是塞林格文学表达的重要部分。

36 《麦田里的守望者》：重读与诞生

作为一个成年人，只要关注塞林格的时间足够长，就会在某个时刻重逢那个初次读到塞林格的自己。就我而言，我猜想对其他人而言也一样，那时的自己正陷于各种麻烦中，责任、学校、生活，不一而足。每个人都得和这些问题打交道，特别是初高中时代。有些人生来懂得如何消化所有困难，有些人则始终重负难行。就我的个人经验，这个时代大大小小的灾祸，都会令你在二十多岁的某个时刻，经历一场奇怪的蜕变。只要你已经离得足够远，它们就会变成奇异的自豪感的来源。我被高中开除这事，最后变成了一枚荣誉勋章。

我曾经把被开除视为耻辱，而今却引以为豪。当年我也曾心生那么点骄傲，但更害怕学校管理员的报告，害怕被永远钉在耻辱柱上，害怕学校从轻发落的愿望破灭。

不过现在我知道学校错了，或者至少说明学校缺少一定的前瞻性。我退学这事如今变得熠熠生辉，这并非杜撰，人们的反应说明了一切。多年以来，只要一提到我被高中开除的事,人们总会说"这酷毙了!"

然后他们总想知道为什么,为什么有人会被学校开除?答案无非两种:一种是他或她的所作所为惹恼了学校的行政部门。另一个答案则要复杂得多,既涉及心理,又牵扯个人,这不是你可以,或者应该,随意谈论的事情。总之,无法发问。前一种回答是一桩轶事,后一种回答是一部小说,《麦田里的守望者》那样的小说。

以一个成年人的身份,特别是一个有孩子的成年人的身份回到塞林格的作品,我的看法有了截然不同的变化:我读到了霍尔顿和其他角色。在研究塞林格生平与作品的时候,也读到了塞林格本人。他们都是场上的运动员。在某种程度上,我也读到了自己:一个肥胖、丧父、操蛋、易怒、懦弱、孤独、不善社交、穷困潦倒、恋母、不学无术、自作聪明的八年级学生,他不仅惹恼了科兰先生,也包括所有老师。有人告诉我,七年级时的法语老师因为我得了神经衰弱。这可能不是真的。数十年后我们通过电子邮件恢复了联系,他(仍在那所学校教授法语,精力充沛依旧)先找到了我,我们的交流简单又礼貌。在邮件来往的过程中,我感受到对方的某种崩溃,像是在为我图谋不轨而自导自演的恐怖篇章中添上了最后一笔。

但是,上述观察在沉浸于塞林格一段时间之后轰然倒塌了。距离。困惑。再接着,情感的迷魂阵出现了,你开始走近那个阅读《麦田里的守望者》的孩子的视角。然后一种糟糕透顶的不寒而栗向我袭来，它只会因为我珍爱的人——我的妻子，我的孩子，我的母亲——而发生于当下。这种恐惧如此特别，既称不上自怨自艾，也不仅仅是顾影自怜。它是一种自我认同，与阅读那本书的那个男孩的诉求紧密相连。除此之外，我开始探寻自己的语言之路，类似某种宣泄。

塞林格有时会为了写作入住酒店，进入一个被他称作"探寻自我"的过程。他将自己置于一个宣泄且振奋的过程中，并与先前的恐惧再次相处。这一过程会令某些新晋作家胆战心惊，塞林格却不会，反将其视为探寻自我的好机会。这种思考方式听起来像是一场重生，就像霍尔顿永远是霍尔顿，总能不断成长。而现在是时候让他出去，让他自由，让他在同一片天空下呼吸，无论好坏。我想起伯内特回忆那两个多学期里说过的话——塞林格坐在教室后排，抽着烟，看着窗外的世界，永远在最后一秒才上交那些经过他"特别编辑的素材"。有趣的是，塞林格常常写道"创作时我有多么热爱自己的作品啊"，但转身又无法容忍自己多看它们一眼。

现在，我蹦跳着回到我奥林匹斯山顶的栖木上，眺望塞林格生活和工作的全景。但回到过去的自己是一件可怕的事情。你曾经就是那个孩子。我想起塞林格在1940年代的诸多作品中反复塑造霍尔顿和他身边的人物。塑造他，充实他。你赐予一个婴儿生命；他在《麦田》里是那个名叫霍尔顿的少年，已经有半头白发，老烟枪，咳嗽不止，并未真正拥有生命——他逃跑了。像一次越狱。照这么说的话，塞林格自己就是需要逃跑的监狱。

致谢

我要感谢以下诸位及机构，感谢你们的慷慨和支持。编辑詹姆斯·阿特拉斯，经纪人玛莉·埃文斯，没有你们这本书是无法启动并完成的。多萝西·洛布拉诺·古斯，萨拉·诺里斯以及玛格丽特·诺里斯，惠特尼·伯内特，艾德里安·班尼普，乔安娜·沙夫，威格华姆夏令营的鲍勃·施特劳斯，普林斯顿大学的燧石图书馆，杜兰大学及其霍华德·蒂尔顿纪念图书馆，奥斯丁德克萨斯州立大学哈里·兰塞姆中心，珍本书籍，手稿书屋，纽约公共图书馆及其员工迈克尔·康登，佩内洛普·格林，里奇·科恩，艾伦·齐格勒，理查德·洛克，朱迪·罗阿曼，肯尼·卡尔斯坦，哈瓦·贝勒，莉泽洛特·斯特恩，唐纳德·迈耶斯，亚当·卡斯丁，吉尼·埃弗雷特·麦克柯录斯基，本·雅戈达，托马斯·坤尔，布赖恩·科佩尔蒙，斯科特·史密斯，摩根图书馆，路易斯·玛丽安，路易斯·梅南，萨沙·韦斯，D·T·麦克斯，约翰·西布鲁克，拉迪卡·琼斯，比尔·布福德，雪莱·万格，罗杰·贝林，斯科特·欧登伯格，尼克·布鲁夫，迈克尔·霍夫曼，黛博拉·加里森，菲利普·罗佩特，马吉·西翁，埃德·帕克，特别感谢乔纳森·艾姆森。最后还要特别感谢我的妻子，伊丽莎白·贝勒，感谢她在生活、情感、知识上给予我最大的支持，令一切都变得愉悦且意义深远。

著译者

作者｜ 托马斯·贝勒 THOMAS BELLER

托马斯·贝勒有不少有趣的著作，比如《诱惑理论》，比如《睡过头的艺术家》，后者是一本小说。还有一本随笔集叫《怎样做一个男人：少年期的延宕》，选自他在《纽约客》和《纽约时报》的专栏。托马斯·贝勒在杜兰大学教授创意写作，和妻子住在新奥尔良，有两个孩子。

译者｜ 杨赫怡

杨赫怡，1993 年生于云南昆明，本科毕业被上海大学英语语言文学专业录取，师从朱振武教授。出版译著《迪士尼经典漫画·疯狂的布鲁托》，出版编著《英语名篇夜读精华》，并在各类文学期刊发表多篇小说（《临死的那一夜》《崽崽》等）。

图书在版编目（CIP）数据

塞林格：艺术家逃跑了/(美)托马斯·贝勒著;杨赫怡译.
-- 上海：上海文艺出版社，2020.2
(小文艺口袋文库.知人系列)

ISBN 978-7-5321-7194-1

Ⅰ.①塞… Ⅱ.①托…杨… Ⅲ.①塞林杰(Salinger, Jerome David 1919-2010)—传记
Ⅳ.①K837.125.6

中国版本图书馆CIP数据核字(2019)第242518号

Copyrights © 2014 by Thomas Beller
All Rights reserved.
This edition is made possible under a license arrangement originating with
Amazon Publishing, www.apub.com
著作权合同登记图字：09-2017-265号

发 行 人：陈 徵
责任编辑：张 翔
装帧设计：Studio Pills

书　　名：塞林格：艺术家逃跑了
作　　者：(美)托马斯·贝勒
译　　者：杨赫怡
出　　版：上海世纪出版集团　上海文艺出版社
地　　址：上海绍兴路7号　200020
发　　行：上海文艺出版社发行中心发行
　　　　　上海市绍兴路50号　200020　www.ewen.co
印　　刷：山东临沂新华印刷物流集团
开　　本：760×1000　1/32
印　　张：7.125
插　　页：3
字　　数：99,500
印　　次：2020年2月第1版　2020年2月第1次印刷
I S B N：978-7-5321-7194-1/K.396
定　　价：29.00元
告 读 者：如发现本书有质量问题请与印刷厂质量科联系　T:0539-2925888

知人系列

汉娜·阿伦特：活在黑暗时代

塞林格：艺术家逃跑了

爱伦·坡：有一种发烧叫活着

梵高：一种力量在沸腾

卢西安·弗洛伊德：眼睛张大点

阿尔弗雷德·希区柯克：他知道得太多了

大卫·林奇：他来自异世界

33 1/3 系列

地下丝绒与妮可

迈尔斯·戴维斯—即兴精酿

大卫·鲍伊—低

汤姆·韦茨—剑鱼长号

齐柏林飞艇 IV

（即将推出，书名暂定）

鲍勃·迪伦—重访 61 号公路

涅槃—母体中

人行道—无为所为

小妖精—杜立特

黑色安息日—现实之主

知物系列

问卷 _ 潘多拉的清单

静默 _ 是奢侈,还是恐惧?

弃物 _ 游走在时间的边缘

面包 _ 膨胀的激情与冲突

小说系列

报告政府

我胆小如鼠

无性伴侣

特蕾莎的流氓犯

荔荔

二马路上的天使

不过是垃圾

正当防卫

夏朗的望远镜

北地爱情

群众来信

目光愈拉愈长

致无尽关系

不准眨眼

单身汉童进步

请女人猜谜

伪证制造者

金链汉子之歌

腐败分子潘长水

城市八卦